Dieter Diestelmann

Zeitreise durch Braunschweig
und das
Braunschweiger Land

Ausflüge in die Vergangenheit

Wartberg Verlag

Fotonachweis:

Braunschweigisches Landesmuseum S. 36, 37, 40 oben, 43 unten, 48, 50, 52 oben, 58, 60 oben, 66, 67; Institut für Denkmalpflege, Hannover S. 6; Kurverwaltung Bad Gandersheim S. 9, 16, 17; Kur- und Fremdenverkehrsgesellschaft Goslar S.10, 11, 39; Braunschweiger Verkehrs-AG S. 62, 63; Stadtarchiv Braunschweig 22 links unten, 69 rechts, 72, 75 oben; Städtisches Museum Braunschweig S. 14, 15, 27, 47, 60 unten, 67 unten; Wartberg Verlag Wagner S. 8, 15, 23, 24, 25, 26, 30, 31, 32, 33, 34 unten, 35, 42, 43, 49, 51, 52 unten,, 53 oben, 55, 56, 57, 59, 61, 65 unten, 68, 69, 71 oben, 73, 75 unten; Wartberg Verlag Archiv S. 18, 45 rechts, 53 unten, 64, 65, 70,71, 74 ; Bürgerschaft Riddagshausen S. 12 links unten; Kurverwaltung Bad Harzburg S. 12 rechts unten, 13; Fremdenverkehrsamt Königslutter S. 19, 20, 21, 22; Arbeitsgemeinschaft für Fremdenverkehr Schöppenstedt S. 28, 29; Darmstädter Echo S. 34 oben; Stadt Helmstedt S. 38; Fremdenverkehrsamt Wolfenbüttel 40 unten, 41, 44, 45 links, 54; Günter Mach, Helmstedt S. 76/77.

1. Auflage 1997

Druck: Bernecker, Melsungen
Buchbinderische Verarbeitung: Hollmann, Darmstadt
Umschlaggestaltung: Norbert Städele

34281 Gudensberg-Gleichen, Im Wiesental 1, Tel. 05603 / 4451 u. 2030
ISBN 3-86134-328-2

Inhalt

Vorwort

Dieses Buch, die „Zeitreise durch Braunschweig und das Braunschweiger Land“, erzählt von dem, was in der Region geschah, seit vor rund 400 000 Jahren nahe dem heutigen Schöningen der Homo erectus das Mammut jagte. Es berichtet über historische Ereignisse, über deren Hintergründe und die politischen Folgen. Indes, es ist keine lückenlose Darstellung der Landesgeschichte, weil die in diesem Rahmen nicht möglich ist, sondern es sind einzelne „Stops“ auf der langen Reise aus grauer Vorzeit bis hin in unsere Tage. „Schmeckhappen“ sollen es sein, wie manche älteren Leute im Braunschweiger Umland das noch nennen, Appetit machende Kostproben also: Appetit darauf, sich intensiver mit der nämlich gar nicht so grauen Geschichte zu befassen, und vor allem auch darauf, die Schauplätze des Geschehens aufzusuchen. Deshalb gibt dieses Buch zu jedem Kapitel und Thema auch touristische Tips und Adressen, wo weitere Auskünfte einzuholen sind.

Es erzählt von Kaisern, Königen und Fürsten. Und von stolzen Bürgern berichtet es, die ihre Herzöge zum Teufel jagten, wenn die es zu toll trieben. Auch von Bauern, Handwerkern und Soldaten ist die Rede und wie diese jeweils in ihrer Zeit lebten. Bunte Geschichten sind es, dramatisch manche, aber auch komische. Und ganz besondere Menschen kommen in ihnen vor: Genies und Narren, Denker, Krieger und Chaoten. Es gab reichlich davon im Braunschweiger Land.

Was aber war eigentliche dieses Braunschweiger Land? Keine leicht zu beantwortende Frage. Einst war es groß, reich und mächtig wie ein Königreich, aber damals hieß es noch nicht Braunschweiger Land, sondern Sachsen. Braunschweig war der Name nur jener Stadt, die der Herrscher, Herzog Heinrich der Löwe, zu seiner Residenz ausbauen ließ. Oder richtiger: „Brunesguik“ und ähnlich, denn seit dieser Name erstmals 1031 in einer Urkunde von St. Magni aufgetaucht war, wechselten die Schreibweisen ziemlich oft und ziemlich willkürlich.

Eines Tages gab es dann dieses Sachsen nicht mehr, weil Heinrich gegenüber Kaiser Friedrich I. Barbarossa den Bogen überspannt hatte, der daraufhin das Reichsheer in Marsch setzte. Später entstand dann von Kaisers Gnaden ein Herzogtum Braunschweig-Lüneburg, und das hielt – die napoleonische Zeit ausgeklammert – bis 1918 in wechselnder Form. Es war mal groß, mal klein, dann wieder größer, mal auch zerstückelt und immer mit bizarren Grenzen: Das hing jeweils von den Erbteilungen der einzelnen welfischen Linien untereinander ab – der Wolfenbütteler, der Calenberger, der Celler, der Grubenhagener und wie sie alle hießen. Auch darüber ist in diesem Buch zu lesen.

Mancher Leser wird sich vielleicht fragen, warum Friedrich Gerstäcker, der Reiseschriftsteller, unerwähnt bleibt, ebenso Wilhelm Raabe, die Huch-Familie und die der Seidels. Ihm sei gesagt, auf das vielfältige kulturelle Leben Braunschweigs in den einzelnen Epochen einzugehen, würde den Rahmen dieses Buches sprengen, in dem die Historie Vorrang hat, denn dann stellte sich sogleich auch die Frage nach den anderen: nach Tacke und Henneberg, Methfessel und Franz Abt, Lafontaine und Dedekind und... und... und. Plötzlich wäre das dann ein ganz anderes Buch, das zu lesen allerdings sich mit Sicherheit auch lohnte.

Die Zeit der wilden Jäger

Gefäß der Linienbandkeramik (frühe Jungsteinzeit)

Daten aus der Geschichte

Ca. 500 000–8 000 v. Chr. Altsteinzeit (Paläolithikum). Im Raum Schöningen sind für diese Zeit um 400 000 v. Chr. Urmenschen
(Homo erectus) nachweisbar. Die Neandertaler erscheinen etwa zwischen 100 000 und 50 000 v. Chr. als Großwildjäger im späteren Braunschweiger Land.

Ca. 8 000–5 000 v. Chr. Mittelsteinzeit (Mesolithikum). Das Klima wird milder. Die Menschen bleiben als Jäger und Sammler jetzt länger an einem Ort. Jagdwaffen und Geräte sind verbessert. Herstellung von Mikrolithen, kleiner scharfer Steinklingen

Ca. 5 000–1 800 v. Chr. Jungsteinzeit (Neolithikum), Beginn des Ackerbaus und der Viehhaltung. Bandkeramik-Funde aus jener Zeit u. a. bei Eitzum (Schöppenstedt)

Kälte lag über dem Land. Mächtige Gletscher hatten sich von Norden her bis zum Unterlauf der Elbe vorgeschoben. Südlich davon bedeckten in den Sommermonaten Moose und Flechten den Boden. Dazwischen vereinzelt Bäume: Zwergkiefern und Polarweiden. Über diese hügelige Tundra zogen Tierherden auf der Suche nach Nahrung: Mammut und Wisent, Rentier und kleine zähe Pferde, auch Nashörner mit zotteligem Fell. Das war vor mehr als 100 000 Jahren jenes Gebiet, das später einmal das Braunschweiger Land werden sollte.

Den Tieren folgten die Menschen, die sie jagten. Neandertaler, so glaubte man lange Zeit, seien die ersten gewesen. Waren sie aber nicht. Im Tagebau-Bereich der Braunschweigischen Kohlen-Bergwerke AG (BKB) bei Schöningen entdeckten Archäologen im Mai 1992 Knochen von Waldelefanten, Rindern und Pferden sowie Steinwerkzeuge, offensichtlich Beutereste und Jagdgerät des Urmenschen (Homo erectus). Geschätztes Alter: 400 000 Jahre. 1994 stießen die Wissenschaftler sogar auf einen Lagerplatz. Brandspuren deuten darauf hin, daß der Urmensch bereits das Feuer für sich nutzte. Sensationell, weil einmalig in der Welt, aber war und ist der Fund eines 400 000 Jahre alten bearbeiteten Holzgerätes, möglicherweise eine Kurzlanze oder ein Wurfholz für die Jagd.

Die Neandertaler kamen erst erheblich später. Einblicke in das Leben dieser Großwildjäger vor rund 50 000 bis 70 000 Jahren gaben Ausgrabungen 1952 in Salzgitter-Lebenstedt. Archäologen entdeckten in einem Jagdlager außer dem Schädelrest eines Neandertalers rund 200 Werkzeuge: Faustkeile, Schaber, Klingen aus Feuerstein, auch Jagdspieße aus Rippenknochen von Mammut und Nashorn. Es müssen tüchtige Jäger gewesen sein, denn es fanden sich Überreste von immerhin 80 Rentieren, 16 Mammuts, sechs oder sieben Wisenten, mehreren Wildpferden sowie von zahlreichen kleineren Tieren und von Vögeln.

Grube mit Überresten eines Pferdeopfers (ausgehende Bronzezeit)

Jüngeren Datums sind Fundplätze am Dowese in Braunschweig sowie auf dem Schiefen Berge zwischen Wolfenbüttel und Stöckheim. Steinzeitliche Gräber sind auch nordwärts bis weit in die Heide hinein registriert. Der Landkreis Wolfenbüttel aber und die Nordharzregion gelten als Gebiete mit einer extrem hohen Dichte an archäologischen Fundstellen und Bodendenkmälern.

Die letzte Eiszeit ging zu Ende. Gletscher wichen zurück nach Norden. Das Klima – Temperaturen lagen um durchschnittlich 10 Grad niedriger als heute – wurde milder. Aber dazu brauchte es Jahrtausende. Wälder von Ulmen, Linden, Erlen und Eichen entstanden nun dort, wo zuvor nur Tundra gewesen war. Mammut und Wollnashorn fanden keinen Lebensraum mehr und starben aus. Von Süden kamen nun Rot- und Schwarzwild, Luchs, Bär und Fuchs.

Unmittelbar an der B1 am Stadtrand von Helmstedt liegen die „Lübbensteine", zwei Großsteingräber aus der Jungsteinzeit

Menschen einer neuen Gattung, uns ähnlicher als die Neandertaler, waren es nun, die an Tränken und Wildwechseln ihrer Beute auflauerten. Ihre Waffen waren „fortschrittlicher" geworden. Es gab Pfeil und Bogen, Harpunen und Geräte mit winzigen scharfen Steinklingen (Mikrolithen). Das Wild mußte jetzt nicht mehr auf der Suche nach Nahrung ständig weiterziehen, und so konnten auch die Jäger für längere Zeit an einem Ort bleiben. Sie bauten Hütten aus Weidengeflecht und blieben, bis das Wild stark dezimiert war. Dann zogen sie weiter.
Nahe Eitzum (Schöppenstedt) machten Wissenschaftler einen wichtigen Fund: Beim Ausgraben eines Siedlungsplatzes aus der Jungsteinzeit (5. Jahrtausend v. Chr.) entdeckten sie Topfscherben mit Linien als Verzierung. Bandkeramik nannten sie das. Außerdem fanden sie Kornmühlen aus Sandstein, verkohlte Getreidekörner (Weizen, Gerste, Hirse), Knochen von Haustieren (Rind, Schaf, Ziege, Schwein, Hund) und den Nachweis von festen Häusern aus Holz, Flechtwerk und Lehm. Eine neue Kulturform meldete sich an: die Anfänge des Bauerntums. Aus jener Zeit stammen auch die „Lübbensteine", zwei Großsteingräber am Stadtrand von Helmstedt.

Touristische Tips

Zahlreiche Exponate aus vorgeschichtlicher Zeit befinden sich im Braunschweigischen Landesmuseum, Abt. Vor- und Frühgeschichte, in Wolfenbüttel. Im Kreisheimatmuseum (Kellergewölbe des Uni-Hauptgebäudes) von Helmstedt sind Mammutknochen und andere Funde aus der Vorzeit ausgestellt. Unabhängig davon lohnt es sich, die ehemalige Universität mit ihrem prunkvollen Spätrenaissancebau zu besichtigen. Am Stadtrand von Helmstedt liegen unmittelbar an der B 1 auf dem St. Annaberg die „Lübbensteine", zwei Großsteingräber, die als Besichtigungsstätte hergerichtet sind.
Der Naturpark Elm-Lappwald mit der Asse ist geschichtsträchtiges Gebiet. Nicht nur zahlreiche Funde aus der Vorzeit zeugen davon, sondern auch im Mittelalter war es eine politisch wichtige Region, von der noch heute viele historische Zeugnisse berichten. In Evessen zwischen Braunschweig und Schöppenstedt liegt unmittelbar an der Verbindungsstraße der „Tumulus", ein vorgeschichtlicher Grabhügel, später Gerichtsstätte. Südwestlich von Haldensleben (Sachsen-Anhalt) gibt es eine sogenannte „Historische Quadratmeile". Mit 80 Bauten von Grab- und Kultstätten der Jungsteinzeit gehört dieses Areal zu den größten geschlossenen Großsteingräbergebieten Deutschlands. Haldensleben ist von Braunschweig aus über die B 1 und dann die B 245 zu erreichen.

Information

Braunschweigisches Landesmuseum, Abt. Vor- und Frühgeschichte, Kanzlerstr. 3, 38300 Wolfenbüttel, Tel.: 05331/27071

Fremdenverkehrsgemeinschaft Elm-Lappwald, Südertor 6, 38350 Helmstedt, Tel.: 05351/121375

Kaiser Karl der Große mit Schwert und Reichsapfel, Monument an einem Dom. Wie der Franken-Kaiser wirklich ausgesehen hat, weiß natürlich niemand

Daten aus der Geschichte

9 n. Chr. Die Cherusker unter Arminius vernichten in der Schlacht angeblich im Teutoburger Wald die römischen Legionen des Varus und verhindern so das Vordringen der Römer nach Norddeutschland

Ca. 200 n.Chr. Von ihrem Siedlungsgebiet in Holstein aus überschreiten die Sachsen die Elbe und ziehen südwärts. Im 6. Jahrhundert beherrschen sie ganz Nordwestdeutschland (außer Friesland) und südöstlich das Gebiet bis zur Unstrut

772–804 Krieg der Franken unter Karl dem Großen gegen die Sachsen und deren Unterwerfung mit der Rechtfertigung der Christianisierung

782 Massenhinrichtung sächsischer Rebellen auf Anordnung Karls des Großen bei Verden/Aller

843 Das Braunschweiger Gebiet fällt bei der Reichsaufteilung zu Verdun an das Ostfränkische Reich. Sachsen entwickelt sich innerhalb des Reiches zum Stammesherzogtum

919 Herzog Heinrich I. wird als erster Sachse zum deutschen König gewählt

Zur Oker kamen die Römer nie

Auf die Steinzeit folgte die Bronzezeit (etwa 1800 bis 900 v. Chr.), an die sich die Eisenzeit anschloß. Kelten im Süden und Germanen im Norden lösten die Bronzezeit-Kultur ab. In Gräbern aus der Zeit um Christi Geburt fanden Archäologen römische Produkte: Schmuck, Münzen, Keramikgefäße und Bronzegeschirr. Offensichtlich Handelsware, denn die Römer selbst sind nie bis in den Braunschweiger Raum vorgestoßen.

Arminius, der Cherusker, hat das verhindert. Im Jahre 9 n. Chr. vernichtete er die Legionen des Varus in der Schlacht am Teutoburger Wald, die nach jüngsten Erkenntnissen gar nicht im Teutoburger Wald stattgefunden haben soll, sondern 130 Kilometer südöstlich von ihm, am Kalkriesen.

Der Einflußbereich der Cherusker erstreckte sich zu jener Zeit vom Harz und dem Okergebiet nordwärts bis zur Elbe. Doch bereits kurz nach dem Tod von Arminius im Jahre 19 n. Chr. zerfiel die von den Cheruskern gegen die Römer geführte Allianz germanischer Stämme. Machtvoll drangen dafür aus Holstein die Sachsen nach Süden vor.

Es gab die Sachsen nördlich der Elbmündung angeblich bereits zur Zeitenwende. Das jedenfalls schrieb um das Jahr 150 n. Chr. der in Alexandria lebende berühmte Geograph, Astronom und Mathematiker Claudius Ptolemäus in seiner „Geographia“. Doch wer diese Sachsen eigentlich waren, darüber gibt es keine verläßlichen Informationen. Tatsache ist: Im 6. Jahrhundert beherrschten sie ganz Nordwestdeutschland und südöstlich das Gebiet bis zur Unstrut.

Historiker vermuten, daß sich die Sachsen etwa im 2. Jahrhundert n. Chr. zu einer Kult- und Kampfgemeinschaft mit anderen germanischen Stämmen zusammengeschlossen haben. Genannt werden u.a., die Chauken und die Langobarden. – Doch dann kamen die Franken.

Unter Karl dem Großen hatte sich das Fränkische Reich zu einem mächtigen europäischen Staatsgebilde entwickelt. Seit 772 versuchte Karl, die Sachsen und ihr Gebiet seinem Reich einzugliedern. Als Rechtfertigung seiner Expansionspolitik gab er die Bekehrung der Sachsen zum Christentum an, was heute als alleiniger Grund bezweifelt wird.

Karl erreichte sein Ziel, die Christianisierung, erst nach langen Kriegsjahren. Doch sofort kehrte der Friede auch dann nicht ein. Noch 782 ordnete Karl, nach Vernichtung eines fränkischen Heeres durch sächsische Rebellen, eine Massenhinrichtung bei Verden/Aller an, wobei die überlieferte Zahl von 4 500 Opfern heute als zu hoch gegriffen gilt. An der Spitze des Widerstandes stand der westfälische Adelige Widukind, der aber schließlich 785 auch aufgeben mußte und sich taufen ließ. Erst im Jahre 804 jedoch war der Kampf endgültig beendet.

Das Braunschweiger Gebiet fiel später – bei der Reichsteilung im Jahre 843 – an das Ostfränkische Reich. Das fränkische Recht wurde eingeführt ebenso wie die Grafschaftsverfassung. Der Graf wurde direkt vom König eingesetzt und war dessen Bevollmächtigter in einem fest umrissenen Gebiet, der Grafschaft. Seinen Besitz erhielt er als Adelsgut vom König. Die Aufgaben eines solchen königlichen Vertrauensmannes waren Rechtspre-

Das Kloster Brunshausen bei Bad Gandersheim, im 8. Jahrhundert errichtet, ist von 1989 bis 1993 in zwei Bauabschnitten restauriert worden und heute ein Kulturzentrum

chung nach fränkischem Gesetz, Führung des Heeres, Aufrechterhaltung der Ordnung und Verantwortung für die umgehende Ausführung kaiserlicher Erlasse in seinem Gau. Zur Sicherung der Herrschaft wurde ein über das Land verteiltes Burgensystem ausgebaut. Zur Einführung des christlichen Glaubens entstanden zahlreiche Klöster, wie das Benediktinerkloster Brunshausen bei dem heutigen Bad Gandersheim. Es wurden Wirtschaftsflächen erschlossen und Fernhandelswege angelegt, so auch die West-Ost-Verbindung vom Rhein zur Elbe, an der dann die Stadt Braunschweig entstanden ist.

Karl der Große gewährte den Sachsen auf ihrem Gebiet eine gewisse Selbständigkeit. Darin steckte der Kern zur späteren Bildung eines eigenen Stammesherzogtums. Als das Frankenreich unter den Söhnen Ludwig des Frommen allmählich zerfiel und zudem im Norden die Normannen und im Osten die Wenden gefährlich wurden, kam es zu einem solchen Zusammenschluß unter der Führung der Liudolfinger, die ihren Stammsitz im Raum Gandersheim hatten. Gandersheim gehörte später zum Herzogtum Braunschweig. Eine Seitenlinie der Liudolfinger, nämlich das Geschlecht der Brunonen, hatte schon vorher reichen privaten Besitz dort links und rechts der Oker.

Im Jahre 919 wurde Herzog Heinrich I. als erster Sachse zum deutschen König gewählt. Daß der von seiner Wahl überrascht worden sei, als er gerade im Wald Leim zum Vogelfangen kochte, ist natürlich nur eine romantische Sage.

Touristische Tips

Etwa zwei Kilometer nördlich von Bad Gandersheim, im alten Land des Adelsgeschlechts der Liudolfinger, liegt das ehemalige Kloster Brunshausen. Bereits 780 war es gegründet worden und diente während der Zeit der Sachsenkriege den Missionszwecken Karl des Großen. Im Jahre 852 trat hier der erste Konvent des neu gegründeten Kanonissenstiftes zusammen, das sich dann 881 in Gandersheim etablierte.

Kloster St. Ludgeri, in dem erstmals 952 erwähnten Helmstedt, ging aus einer um das Jahr 800 von Ludger, ein Freund Karl des Großen, eingerichteten Missionszelle hervor. Sehenswert sind die Doppelkapelle im Hof von St. Ludgeri und die frühromanische Felicitas-Krypta (um 1050) der St. Ludgeri-Kirche.

Im ehemaligen Kloster Marienberg ist heute noch eine Paramentenwerkstatt. Hier werden weiterhin in Handarbeit die kostbaren Stoffe für kirchliche Zwecke hergestellt. Zu besichtigen ist nachmittags am Montag und Mittwoch eine Sammlung von Paramenten aus dem 13. bis 15. Jahrhundert. Aus späterer Zeit dann das Juleum, eindrucksvoller Renaissancebau der 1576 gegründeten Universität.

Information

Städtische Kurverwaltung Bad Gandersheim, Postfach 170, 37575 Bad Gandersheim, Tel.: 05382/72447-448

Fremdenverkehrsamt Helmstedt, Markt 1, 38350 Helmstedt, Tel.: 05351/17-333

Daten aus der Geschichte

919 Mit der Wahl des Sachsenherzogs Heinrich I. zum deutschen König werden die sächsischen Stammlande zum politischen Zentrum des Reiches. Zahlreiche Pfalzen entstehen im 10. Jahrhundert, besonders im Gebiet um den Harz

924 Heinrich I. muß sich vor den ins Land gedrungenen Ungarn in die Burg Werla zurückziehen. Er erreicht nach Gefangennahme eines Ungarnfürsten eine neunjährige Waffenruhe für Sachsen und Thüringen

933 Niederlage der Ungarn bei Riade durch das Heer Heinrich I., das erste Ritterheer des Mittelalters

955 König Otto I., Sohn Heinrich I. und späterer Kaiser, schlägt die Ungarn auf dem Lechfeld endgültig

Ab 1002 Goslar wird zum Zentrum königlicher Herrschaft und Wirtschaftsschwerpunkt

Als König immer unterwegs

Ein König im Mittelalter hatte wohl irgendwo seinen angestammten Sitz, aber eine feste Residenz hatte er nicht. Die gab es erst viel später. Von den Fürsten gewählt, zog der König mit Gefolge über Land, um seine Herrschaft wahrzunehmen und vor allem auch durchzusetzen, denn nicht selten standen Gruppeninteressen und Machtstreben innerhalb der verschiedenen Clans einem bedingungslosen Gehorsam gegenüber dem König entgegen. Außerdem gab es zu jener Zeit praktisch keine andere Möglichkeit der Kommunikation als den „Umritt“ durch das Land.

Anlaufstellen auf solchen Reisen waren die königlichen Pfalzen: durch Befestigungsanlagen gesicherte Wohn- und Wirtschaftsgebäude und immer eine Kirche dabei. Der den König begleitende Hofstaat umfaßte oft mehr als 100 Personen, und die mußten versorgt werden. Also gehörten zu jeder Pfalz Ländereien und Landwirtschaft.

Auf diesen Pfalzen wurde Politik gemacht. Hier übte der König seine Regierungsgewalt aus, hielt Reichs- und Landtage ab, erließ Gesetze, empfing Gesandtschaften und Delegationen.

Mit der Wahl Heinrich I. aus dem Grafengeschlecht der Liudolfinger zum deutschen König im Jahre 919 wurden die sächsischen Stammlande zum politischen Zentrum des Reiches. So entstanden denn auch im Gebiet um den Harz im 10. Jahrhundert zahlreiche Pfalzen: Derenburg, Quedlinburg, Nordhausen, Wallhausen, Tilleda bei Sangerhausen weiter südlich zum Kyffhäuser hin, um nur einige zu nennen. Zu den wichtigsten Pfalzen aber wurden Werla, Goslar und Pöhlde südlich von Herzberg.

Die Pfalz Werla lag auf einem Steilufer der Oker nördlich von Schladen. Strategisch günstig, wie sich bald zeigen sollte. König Heinrich I. befand sich gerade dort, als im Jahre 924 die Ungarn ins Sachsenland einfielen. Den flinken Reiterhorden war das wenig bewegliche Bauernheer des Königs unterlegen, und so verschanzten sie sich in der Burg Werla. Dann aber gelang es ihnen, einen ungarischen Fürsten zu fangen. Heinrich han-

Die Reichsstadt Goslar nach einem Stich des Kupferstechers und Radierers Matthäus Merian (um 1650)

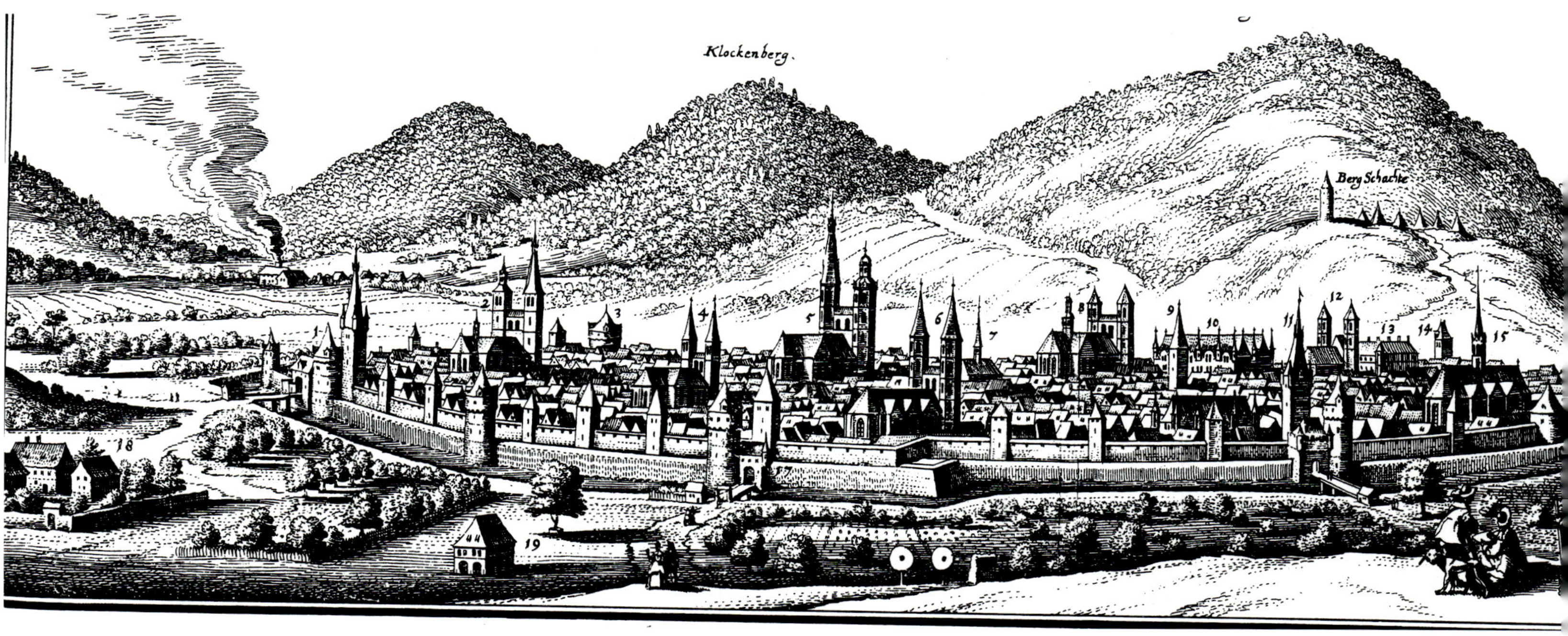

Die Goslarer Kaiserpfalz nach ihrer Restaurierung im 19. Jahrhundert. Vor der Pfalz steht auch eine Kopie des Braunschweiger Löwen

delte gegen die Freigabe des Fürsten und Zahlung von Tribut einen neunjährigen Frieden mit den Ungarn aus.
Die Zeit der Waffenruhe nutzte König Heinrich I. zum Aufbau einer schlagkräftigen Streitmacht mit einer Reitertruppe als Kern und der Anlage von Burgen und Ortsbefestigungen. Nunmehr stark genug, verweigerte er den Ungarn weiteren Tribut, die daraufhin 933 erneut in Thüringen und Sachsen einfielen. Heinrich schlug sie bei Riade an der Unstrut vernichtend.
Nach Heinrichs Tod wurde sein ältester Sohn Otto I. deutscher König und trug später auch die Kaiserkrone. In der Schlacht auf dem Lechfeld 955 bezwang er die Ungarn endgültig und erhielt den Namen Otto der Große. Mit seinem Aufstieg wurde die Burg Werla von einer Königspfalz zur Kaiserpfalz. Sie war über all die Jahrzehnte hinweg sowohl zeitweiliger Königssitz wie auch Hauptversammlungsort des sächsischen Adels.
Doch dann verlor die Pfalz ihre historische Bedeutung. Goslar überflügelte, bedingt durch die Silberfunde im Rammelsberg, die Werla. Hatten nach Otto I. dessen Nachfolger Otto II. und schließlich Otto III. die Pfalz noch genutzt, siedelte der im Jahre 1002 auf den Thron gelangte Heinrich II. aus Bayern von Werla nach Goslar um, das mit der Zeit zum Zentrum königlicher Herrschaft wurde. Die Pfalz Werla geriet in Vergessenheit. Heute ist sie spurlos verschwunden.

Ganz anders war die Pfalz Pöhlde. Hier wurde keine Politik gemacht, sondern es wurde gefeiert. König Heinrich I. hatte neben anderem Pöhlde seiner Frau Mathilde als „Witwenausstattung“ überschrieben. Später kamen die Könige an Feiertagen hierher, besonders zu Weihnachten. Warum sie gerade das taten, darüber berichtet die Historie nichts.

Information

Kur- und Fremdenverkehrsges. Goslar-Hahnenklee GmbH, Tourist-Information, Markt 7, 38640 Goslar, Tel.: 05321/2846-47

Touristische Tips

In Goslar begegnet der Besucher der Geschichte auf Schritt und Tritt: Kaiserpfalz mit St.-Ulrichs-Kapelle, Domvorhalle (Überrest des Domes), Rathaus mit Huldigungssaal, Stadtmauer mit Wehrtürmen und vieles mehr. Das Goslarer Museum zeigt zahlreiche Exponate aus der Stadtgeschichte.
Eine Besonderheit ist das Erzbergwerk Rammelsberg, das nach tausend Jahren Betrieb 1988 stillgelegt worden ist und zum Museum umgestaltet wurde. Führungen im Besucherbergwerk und Bergbaumuseum Rammelsberg finden täglich statt. Bergwerk und die noch heute geschlossen erhaltene mittelalterliche Altstadt Goslars wurden von der Unesco in die „Liste des Kultur- und Naturerbes der Menschheit“ aufgenommen.
Die Pfalz Tilleda bei Sangerhausen am Fuße des Kyffhäusergebirges ist heute ein Freilichtmuseum. Archäologen haben den gesamten Grundriß der Pfalz freigelegt. Rekonstruiert wurden im Bereich der Vorburg mehrere Wach- und Wohnhäuser. Von der Hauptburg existieren nur die Fundamentgrundrisse. Die Pfalz ist über Nordhausen zu erreichen (Abzweigung nach Kelbra).
Pöhlde, die ehemalige Königspfalz, gehört heute zu Herzberg. Historische Mauerreste sind hier zu finden, die eines 1525 zerstörten Klosters und solche einer frühgeschichtlichen Befestigungsanlage (9. Jh.), die im Volksmund „König Heinrichs Vogelherd“ heißt. Tafeln erläutern die Geschichte des Klosters und der Pfalz.

Daten aus der Geschichte

9. Jahrhundert – genaues Datum ist nicht belegbar – Entstehung des „Heliand“, die Nacherzählung der Geschichte Christi in altsächsischer Sprache. Damit wurde den Sachsen das Evangelium in ihrer eigenen Sprache gepredigt

814 Bistum Halberstadt entsteht, wird aber erst 827 Bischofssitz

815 Gründung des Bistums Hildesheim. Die Bistumsgrenze folgt dem Lauf der Oker nordwärts. So kommt es, daß der Halberstädter Bischof in Braunschweig die Magnikirche rechts von der Oker weiht (im Jahr 1031) und fast gleichzeitig der Hildesheimer Bischof die Kaufmannskirche St. Ulrici linksseitig auf dem Kohlmarkt

1068–1080 Graf Ekbert II., Enkel des brunonischen Grafen Liudolf und Graf in Braunschweig und Meißen, läßt in Braunschweig Münzen, die Silberpfennige, schlagen. Als Widersacher von Kaiser Heinrich IV. wird er 1090 in einer Mühle des Selketales im Harz ermordet. Mit ihm starben die Brunonen im Mannesstamm aus

Das alte Tor zum Klosterhof in Riddagshausen. In dem Überbau befindet sich jetzt das Zisterziensermuseum (unten)

Ein beliebtes Kurbad wurde aus der Siedlung nahe der „Hartesburg“. Hier die Wandelhalle von Bad Harzburg (rechts)

Nur langsam wuchsen die Städte

Bäuerliches Leben bestimmte das Frühmittelalter. Städte entstanden erst später. Das Land war noch dünn besiedelt, und so waren auch die Dörfer zunächst klein, bestanden aus drei oder vier Höfen.

Den Grundherren gehörten weite Flächen des Landes. Sie hatten Land vom König für besondere Dienstleistungen oder für Waffenhilfe in Feldzügen erhalten. Wollte ein Bauer es nutzen, es erschließen und bewirtschaften, mußte er sich die Erlaubnis durch Abgaben und Arbeitsdienste erkaufen.

In diese Agrargesellschaft wuchsen die Städte nur langsam hinein. Sie entstanden aus Kaufmannsniederlassungen an den Kreuzungen der Fernstraßen oder an anderen verkehrsgünstigen Stellen, an schiffbaren Flüssen zum Beispiel, aber auch in der Nähe von Schutz bietenden Burgen.

Die großen Reichsburgen wurden seit Mitte des 11. Jahrhunderts auf Höhenzügen errichtet. Sie dienten zunächst als Wehr gegen feindliche Heere, später dann aber vornehmlich der Sicherung der Königsherrschaft. So ließ König Heinrich IV. um 1065 am Harzrand die Hartesburg bauen. Aus einer Siedlung nahe dieser Reichsfeste wurde das heutige Bad Harzburg.

In dieser Hartesburg suchte Heinrich IV. während des Sachsenkrieges 1073 Schutz, als die Sachsen sich schlagkräftig gegen eine beabsichtigte Ausweitung der Königsgüter wehrten. Angeblich konnte er durch einen Brunnen und einen unterirdischen Gang mit wenigen Begleitern unbemerkt fliehen. Die Burg wurde später zerstört, durch Kaiser Friedrich I. Barbarossa wieder errichtet und nach dem Dreißigjährigen Krieg endgültig abgetragen.

Die Städte lösten sich im Laufe der Zeit aus dem Landrecht heraus und bildeten eigene, von der ländlichen Grundherrschaft unabhängige Stadtrechte. In ihnen entwickelten sich nun Handwerk, Handel und Gewerbe. Immer mehr Bauern siedelten in die Städte über, um sich aus der Abhängigkeit von ihren Grundherren zu lösen, denn seit etwa Anfang des 12. Jahrhunderts hieß es: „Stadtluft macht frei.“ Es galt der Rechtsgrundsatz: Wer ein Jahr und einen Tag unangefochten in der Stadt gelebt hat, der soll dort auch in Zukunft frei leben können.

Die wachsende Macht der Städte mit ihrem Höhepunkt im Spätmittelalter ist mit dem Zusammenbruch des Wirtschaftgefüges zu erklären. Die Preise für landwirtschaftliche Erzeugnisse fielen. Ihre Abgaben an den Grund-

Wanderwege im Bereich der ehemaligen „Hartesburg" beim heutigen Bad Harzburg

herren konnten viele Bauern nicht mehr zahlen. Die Folge war oft Verarmung auch der adligen und geistlichen Grundherren. Manche von ihnen verkamen, zu Raubrittern. Die durch Handwerk und Handel reich gewordenen Städte aber schlossen sich zu mächtigen Verbindungen zusammen, so dem rheinischen und dem sächsischen Städtebund und der Hanse.
Es begann etwa Ende des 13. Jahrhunderts: Die wohlhabende Bürgerschaft der reichen Handelsstadt Braunschweig ging selbstbewußt daran, sich von der Herzogsgewalt zu lösen. Für sie war dabei die Geldknappheit der Fürsten, hervorgerufen durch teure Kriegszüge und aufwendigen Lebensstil, von Vorteil. Der Rat der Stadt kaufte von ihnen zahlreiche Rechte. Die Fürsten verpfändeten ihre Einnahmen aus der braunschweigischen Münze, an Zöllen, aus Mühlen und Fischereirechten. Sie übergaben der Stadt auch Teile der Gerichtsbarkeit. So konnte sich Braunschweig von der Herrschaft der Herzöge weitgehend befreien.
Als Folge davon wurde die herzogliche Residenz im 15. Jahrhundert in das benachbarte Wolfenbüttel verlegt. Eine reichsfreie Stadt wie Goslar, also nur dem König untertan, wurde Braunschweig aber nie, wenngleich die Braunschweiger stets so taten. Und das brachte ihnen Ärger.

Touristische Tips

Der Burgberg bei Bad Harzburg, einst Platz der Hartesburg, ist heute ein beliebtes Ausflugsziel. Man kann ihn erwandern oder man kann zum Gipfel von Bad Harzburg aus mit der Seilbahn hinaufschweben.
Zeugnisse vom Entstehen der Stadt Braunschweig gibt es kaum. Erst etwa vom 12. Jahrhundert an mehren sich Ausgrabungsfunde und finden sich Urkunden oder andere Dokumente. Eine Fülle von Material aus dieser und aus späterer Zeit bietet die Dauerausstellung „Geschichte der Stadt Braunschweig" des Städtischen Museums im Altstadtrathaus am Altstadtmarkt.
In der Region um Braunschweig liegen viele alte Dörfer, deren Entstehen im frühen Mittelalter anzusetzen ist. Eines von den vielen ist Riddagshausen, das erstmals 1146 erwähnt wird, aber älter sein dürfte. Heinrich der Löwe hat es später dem Zisterzienser-Kloster zugesprochen, das 1145 gegründet worden ist. Heute ist Riddagshausen, inzwischen längst Braunschweig eingemeindet, beliebtes Ausflugsziel mit historischer Kirche (Baubeginn ca. 1216) und von Mönchen angelegten Fischteichen. Von den alten Klostergebäuden existieren nur noch die Außenmauern des Torhauses.

Information

Braunschweigisches Landesmuseum, Burgplatz 1, 38100 Braunschweig,
Tel.: 0531/484-2602

Bürgerschaft Riddagshausen,
Tel.: 0531/2858-301

Zisterziensermuseum Riddagshausen,
Klostergang 64, Tel.: 0531/372253

Eine Schwebebahn fährt von Bad Harzburg aus hinauf auf den Burgberg

Daten aus der Geschichte

861 Angebliches Entstehungsjahr der Stadt Braunschweig, historisch aber nicht belegt

1031 Erste Erwähnung Braunschweigs in einer Weihe-Urkunde für einen Vorgängerbau der heutigen Magnikirche

1036 Weihe der St. Ulricikirche auf dem Kohlmarkt (1154 abgerissen)

1861 Im August dreitägiges Fest zum angeblich tausendjährigen Bestehen der Stadt Braunschweig

Tausend Jahre – oder auch nicht

Im August 1861 feierte Braunschweig ein Riesenfest, drei Tage lang. Es galt, das tausendjährige Bestehen der Stadt zu bejubeln. Fahnen und Girlanden überall, Theateraufführungen und Historienspektakel. Militärkapellen spielten und Massenchöre sangen.

Höhepunkt am letzten Tag war der Umzug aller Stände und Gilden, der Vereine und Verbände durch die Innenstadt zum Schloß am Bohlweg, wo Herzog Wilhelm wartete, und weiter zum „Kleinen Exerzierplatz", heute Standort der bisherigen Kanthochschule und des Naturhistorischen Museums. Dort wurde dann in großen Zelten getanzt. Und reich gedeckt waren die Tische.

Nur eines gab es damals nicht: Es gab keinen Grund zum Feiern. Von einem tausendjährigen Jubiläum konnte nämlich deshalb keine Rede sein, weil niemand das Gründungsdatum wirklich kennt. Bis heute nicht. Vermutlich war das auch damals manch einem klar, denn es ist ein Spruch überliefert, den ein Spaßvogel an sein Haus gemalt haben soll: „War dat Datum ook nich richtig, fi'ert ward et doch recht düchtig."

Hermen (Herrmann) Bote allerdings, Zoll- und Akziseschreiber im ausgehenden Mittelalter und nebenbei historischer Schriftsteller, nennt in seiner „Cronecken der Sassen" konkret 861 als Gründungsjahr – sofern Hermen diese Chronik geschrieben hat. Manche Historiker sehen nämlich dessen Vetter Conrad Bote als den Autor.

Burg Dankwarderode mit dem Löwen auf einer Säule, 1492, aus Botes Sachsenchronik

Die sächsischen Herzöge Bruno und Dankward hätten 861 Braunschweig gegründet, heißt es in der Chronik, und gemeint ist eine Siedlung auf der Ostseite der Oker. Bruno habe sie gebaut. Nach ihm sei sie Brunoswiek genannt worden. Dankward habe die Burg Dankwarderode errichtet. Später, so heißt es weiter, hätten die Brüder auf dem Westufer der Oker eine zweite Siedlung angelegt, der sie nun den Namen Brunswiek gaben. Die erste Siedlung war jetzt die „Alte Wiek", und diesen Namen gibt es bis heute.

Das neue Brunswiek erhielt eine, dem heiligen Jakobus geweihte Kirche, an deren Turm – so berichtet Bote – die Jahreszahl 861 gestanden habe. Für ihn war dies das Gründungsjahr der Stadt.

Ganz falsch ist diese Darstellung sicher nicht, abgesehen davon, daß Bruno und Dankward keine Herzöge waren, sondern Grafen. Dennoch liegen die Anfänge der Stadt, weil nicht dokumentiert, im Dunkeln. Die früheste Erwähnung stammt aus dem Jahre 1031. Es ist eine Urkunde, mit der die Weihe eines Vorgängerbaus der heutigen Magnikirche durch den Halberstädter Bischof Branthag belegt wird. In ihr taucht erstmals auch der Name Braunschweig auf, in der Schreibweise „Brunesguik". Mit Sicherheit aber liegt die Entstehung der Stadt erheblich früher. Womöglich wirklich 861, aber das weiß eben niemand.

Festzug auf dem Altstadtmarkt zur Tausendjahrfeier 1861 in Braunschweig. Auf geschmückten Wagen stellten sich die Stände und Zünfte dar

Information

Städtisches Museum Braunschweig, Am Löwenwall, 38100 Braunschweig
Tel.: 0531/470-4521

Stadtarchiv Braunschweig, Löwenwall 18 B, 38100 Braunschweig, Tel.: 0531/470-4711

Touristische Tips

Die Innenstadt Braunschweigs wurde durch Luftangriffe während des Zweiten Weltkrieges zu 90% zerstört. Beim Wiederaufbau haben die Planer durch Restaurierung oder Rekonstruktion von Gebäuden sogenannte „Traditionsinseln" geschaffen. Dazu gehören auch der Altstadtmarkt mit Martinikirche und Altstadtrathaus und der Eiermarkt, wo eine der beiden ersten Siedlungen entstanden war. Am Eiermarkt befand sich einst das „Landschaftliche Haus", zunächst Versammlungsort der Landstände und später Landtagsgebäude. An seiner Stelle steht heute das neue Amtsgericht. Vier ionische Säulen des zerbombten Landtags wurden in den Neubau einbezogen. Das Magniviertel, wo die andere frühe Siedlung war, ist heute ein „Szene" – Viertel mit Lokalen unterschiedlichster Art, Läden und Boutiquen in alten Gemäuern.

Zunächst einmal war da im Umfeld der Burg ein Fernhandelsplatz, was die Bezeichnung „Wik" oder „Wiek" bezeugt, denn das bedeutet Lager- und Stapelplatz. Er lag am Schnittpunkt zweier bedeutender Fernwege: Aus dem Westen (Köln) kam der eine und verlief weiter ostwärts nach Magdeburg. Der andere führte von Frankfurt am Main nach Norden bis zur Salzstadt Lüneburg und weiter zur Küste.

Östlich der Oker, im heutigen Magniviertel, gab es eine Siedlung, die offensichtlich ein zur Burg der Brunonen gehörender Wirtschaftshof war, ein Hörigendorf oder Herrendorf. Noch heute gibt es dort eine Herrendorftwete. In der Gegend von Eiermarkt und Kohlmarkt entstand dann eine Kaufmannssiedlung, eben die mit der Jakobuskirche und der Jahreszahl 861 am Turm.

Das macht die Braunschweiger Stadtgeschichte so kompliziert: Aus fünf Weichbilden ist dieses Brunswiek entstanden, fünf Teilstädten mit eigenen Rathäusern, eigenen Räten, eigenen Pfarrkirchen, eigenen Befestigungen und unterschiedlichen Bevölkerungsstrukturen. Die Weichbilde Altewiek, Altstadt, Hagen, Neustadt und Sack entstanden zudem nicht gleichzeitig. Es dauerte lange, bis aus diesen Fünf die Stadt Braunschweig wurde, Hansestadt und später Residenz eines Herzogtums Braunschweig.

Im Magniviertel: Hier lag eine der frühesten Siedlungen, aus denen sich die Stadt Braunschweig entwickelte. Links die Kirche St. Magni

Theater vor der Kirche: Jedes Jahr finden in Bad Gandersheim Domfestspiele statt

Daten aus der Geschichte

852 Gründung des Kanonissenstiftes Gandersheim

962 König Otto der Große wird deutscher Kaiser. Als christlicher Herrscher stattet er Bistümer und Klöster mit Gütern und Immunitäten (Abgabefreiheit und Befreiung von öffentlichen Diensten) aus

972 Vermählung Otto II. mit der byzantinischen Prinzessin Theophanu, die in der Folgezeit oft das Stift besucht und Gandersheim zu einer Art höfischen Mittelpunkt macht

Um 1030 Die Brunonen gründen in Braunschweig bei der Burg Dankwarderode das spätere Blasiusstift und noch im gleichen Jahrhundert das Stift St. Cyriaki

Selbst vom Bordell erzählt die Nonne

Die „kraftvolle Stimme von Gandersheim" verstummt nicht. Dafür sorgt schon ein emsiges Stadtmarketing. Jährlich verleiht die Stadt Bad Gandersheim den Roswitha-Literaturpreis an eine bedeutende Schriftstellerin und den Roswitha-Ring an die beste Schauspielerin während der alljährlichen Domfestspiele. Roswitha, die ursprünglich Hruotsvit hieß, war die erste Frauengestalt in der deutschen Literaturgeschichte. Als Kanonissin lebte sie im Reichsstift Gandersheim.

Im Jahre 852 hatten der reich begüterte Graf und spätere Herzog Liudolf und seine Gemahlin Oda das Kanonissenstift unweit der Liudolfinger Stammburg, dem heutigen Altgandersheim, mit Genehmigung des Papstes gegründet. Der Konvent trat 852 zunächst in Brunshausen bei einem Fuldaer Missionskloster des 8. Jahrhunderts zusammen. Als dann Klostergebäude und Stiftskirche errichtet waren, siedelte das Stift in das heutige Bad Gandersheim um. Das war im Jahre 881. Erste Äbtissin wurde – natürlich wieder mit Genehmigung des Papstes – Hathumod, die noch unmündige Tochter von Liudolf und Oda.

Das Stift Gandersheim war als Heimstatt unverheirateter Töchter der Liudolfinger und befreundeter oder verdienter anderer Adelsfamilien gedacht. Für das Amt der Äbtissin wurden bis in das 12. Jahrhundert hinein Töchter aus der Familie der deutschen Könige bevorzugt. Aber es war – obschon nach dem Benediktiner-Schema eingerichtet – kein eigentliches Ordenskloster, das in strenger Abgeschiedenheit existierte. Die Stiftsdamen pflegten Kontakte mit ihren Familien und Freunden, besaßen privates Eigentum, und sie konnten das Kloster auch wieder verlassen.

Wie streng es in diesem Stift zuging, das hing von der jeweiligen Äbtissin ab, und da waren manche, bei aller Frömmigkeit, weltlichen Dingen durchaus aufgeschlossen. Als 877 das Stift die Reichsunmittelbarkeit

Der Roswithabrunnen vor dem Gandersheimer Stiftsgebäude zeigt die Dichterin, wie sie kniend dem von ihr verehrten Kaiser Otto I. ihr Werk überreicht

Abtei des ehemaligen Stiftes in Bad Gandersheim mit dem Elisabethbrunnen

erlangte und unter den Schutz von König Ludwig III. gestellt wurde, erhielt die Äbtissin jeweils Titel und Vorrechte einer Reichsfürstin. Es wird berichtet, daß die Fürstäbtissinen regelrecht Hof gehalten und dabei oftmals größeren Glanz entfaltet haben, als mancher weltliche Reichsfürst. Das war möglich, weil das Stift reichlich mit Gütern ausgestattet war.
Hier nun lebte Roswitha, die Dichterin. Wer sie war, ist bis heute nicht enträtselt. Historiker vermuten, daß sie um das Jahr 935 geboren und bereits wenige Jahre nach 970 gestorben ist. Sie schrieb in lateinischer Sprache Legenden, Dramen und Epen, aber auch eine Hymne an Kaiser Otto den Großen hat sie verfaßt, den sie verehrte.
Sonst indes dürfte ihr Themenkreis kaum den Erfahrungen aus einem Leben in klösterlicher Abgeschiedenheit erwachsen sein. Da geht es kräftig zur Sache: Ehebruch, wilde Fleischeslust, Verführung und das Treiben in Bordellen mit – natürlich – anschließender Reue. Vor diesem Hintergrund hebt sie das Reine und Fromme um so stärker hervor, mahnt zur Keuschheit und schildert den Schrecken der Hölle – sie die „clamor validus Gandershemensis", als die sich Roswitha selbst bezeichnet hat. In freier Übersetzung: die „kraftvolle (oder laute) Stimme von Gandersheim". Mehr weiß man nicht von ihr.
Die Verbindung des Reichsstiftes Gandersheim mit den Königen und Kaisern ging im 12. Jahrhundert allmählich verloren. 1208 wurde es dem Papst direkt unterstellt. Anfang des 14. Jahrhunderts ging die weltliche Macht an die Herzöge von Braunschweig-Lüneburg über. Herzog Julius führte bis 1589 die Reformation gegen harten Widerstand ein.
Es folgten noch glückliche Jahre, bis Napoleon 1806 dem Land Braunschweig seine staatliche Selbständigkeit entzog und es dem Königreich Westphalen seines Bruders Jérôme Bonaparte eingliederte. Das nunmehr evangelische Damenstift ließ er bis zum Tode der letzten Äbtissin im Jahre 1810 bestehen.

Touristische Tips

Bad Gandersheim lohnt einen Besuch. Eindrucksvolle Bauten seiner reichen Vergangenheit prägen sein Stadtbild: die Stiftskirche, die Gebäude des Kanonissenstiftes, die St. Georgskirche, die Burg; dazu dann viel Fachwerk. Aber Bad Gandersheim ist auch ein moderner Kurort, mit einem Kurviertel nahe dem Wald. Viel Wald mit einem ausgedehnten Netz an Wanderwegen gibt es ringsum. Seit 1952 (seit 1959 jährlich) finden im Sommer die Gandersheimer Domfestspiele mit namhaften Künstlern statt. Historische Zeugnisse finden sich auch in den Dörfern der Gandersheimer Region: in Brunshausen, in Clus, die Reste der Burg Greene der Homberger Grafen und manches mehr. Empfehlenswert ist auch das Heimatmuseum in Bad Gandersheim.
Von besonderer Schönheit ist die ehemalige Abtei im Stil der Weserrenaissance. Nach einem Brand 1597 ließ sie die Äbtissin Anna Erika von Waldeck neu errichten. Der Kaisersaal in der Abtei gibt noch heute ein Bild von landesfürstlicher Hofhaltung. Eine eingewölbte und reich bemalte Decke sowie 35 Porträts von Fürsten, Äbtissinnen und Kanonissen schmücken den barocken Saal, der auch für Konzerte genutzt wird.

Information

Städtische Kurverwaltung Bad Gandersheim,
Postfach 170, 37575 Bad Gandersheim,
Tel.: 05382/72447-448

Daten aus der Geschichte

1074 Papst Gregor VII. erläßt in Rom das Dekret, daß höhere Geistliche keine Ehe eingehen können. Damit wird der Grundsatz des Zölibats endgültig im Abendland verwirklicht

1075 König Heinrich IV. schlägt den seit 1073 andauernden Aufstand der Sachsen nieder, in dessen Verlauf die Sachsen die Harzburg Heinrichs zerstört hatten. Ruhe kehrte allerdings vorerst noch nicht ein. Erst mit dem Tode des Brunonen-Grafen Ekbert II. und nach der vorübergehenden Eroberung der Burg Dankwarderode durch Heinrichs Truppen im Jahre 1090 findet der Bürgerkrieg sein vorläufiges Ende

1106 Nach dem Aussterben des Geschlechts der Billunger erhebt Kaiser Heinrich V. Lothar von Süpplingenburg zum Herzog von Sachsen

1125 Wahl Lothars zum deutschen König

1133 Krönung zum Kaiser Lothar III. durch Papst Innozenz II. in Rom

In Lothars Dorf gibt's nicht mal eine Kneipe

Süpplingenburg ist nicht gerade etwas, das Historie wittern läßt. Es ist ein ruhiges Dorf, wenige Kilometer von Königslutter am Elm entfernt, in dem es nicht mal eine Kneipe gibt, keine Gaststätte mit der deftigen Küche des Braunschweiger Landes und mit dem Ducksteinbier, das bereits im 16. Jahrhundert ein begehrter Exportartikel Königslutters gewesen ist und später sogar von Friedrich Wilhelm I., dem Soldatenkönig, hoch geschätzt wurde. Aus diesem unscheinbaren Ort aber stammt einer der bedeutendsten deutschen Herrscher: Kaiser Lothar III.

Geboren wurde Lothar um das Jahr 1075. Wann genau, weiß niemand. Sein Vater war der Graf Gebhard von Süpplingenburg, von dem Lothar schon in jungen Jahren das Grafenamt übernahm. Nach dem Aussterben des sächsischen Herzogsgeschlechts der Billunger machte ihn 1106 Kaiser Heinrich V. zum Herzog von Sachsen.

Die Süpplinger Grafen waren nicht gerade übermäßig begütert, doch als Lothar Richenza heiratete, kam Geld ins Haus. Sie galt als das reichste Mädchen von ganz Sachsen. Über ihren Vater, Heinrich den Fetten, erbte Richenza nämlich den stattlichen Besitz der Northeimer Grafen und über ihre Mutter Gertrud, Erbtochter des Markgrafen Ekbert I. von Meißen, den gesamten Besitz der Brunonen und damit auch Braunschweig. So wirtschaftlich abgesichert, konnte Lothar darangehen, seine Macht auszubauen. Und das tat er.

Wandbilder von Kaiser Lothar III. und seiner Gemahlin Richenza im Dom zu Königslutter, wo das Paar auch beigesetzt worden ist

Kaiser Heinrich V. hatte sich durch eine kompromißlose Machtpolitik in Sachsen Feinde gemacht. Es kam zu einem Aufruhr. Im Jahre 1115 schlug der Sachsenherzog Lothar das Heer des kaiserlichen Feldherrn Hoyer von Mansfeld in der Schlacht am Welfesholz bei Gernrode (Ostharz) und stoppte so des Kaisers Pläne in Sachsen.

Nach dem Tode Heinrich V. wurde Lothar im Jahre 1125 zum König gewählt. Die Kaiserkrone empfing er 1133 in Rom aus der Hand des Papstes Innozenz II. Von 1125 bis 1137 leitete er als Lothar III. die Geschicke des Heiligen Römischen Reiches Deutscher Nation. Neben seinen langwierigen Kämpfen gegen Konrad und Friedrich von Staufen sowie seiner auf Sicherung des Reiches und dessen Ausweitung ausgerichteten Ostpolitik und seinen Zügen nach Italien, widmete er sich besonders auch

seinem ererbten Braunschweig. Er war als Grundherr offensichtlich maßgeblich an der Erweiterung des Weichbildes Altstadt mit dem exakt geplanten Altstadtmarkt beteiligt. 1134 bestätigte Lothar u.a. auch die durch seine Schwiegermutter Gertrud erfolgte Gründung des Ägidienklosters.
In Königslutter steht eine mächtige dreischiffige Basilika. Kaiser Lothar III. hat den sogenannten Kaiserdom, der eigentlich eine Stiftskirche ist, ab 1135 unter anderem auch als Grabeskirche für sich und sein Geschlecht bauen lassen. Im Dezember 1137 starb der Kaiser in Tirol auf dem Rückweg von einem Italienfeldzug. Kurz zuvor hatte er seinen Schwiegersohn Heinrich den Stolzen, Herzog von Bayern, als seinen Nachfolger auf dem sächsischen Herzogsthron eingesetzt.
Der Leichnam Lothars wurde nach Königslutter überführt und im Dom bestattet. Bereits zwei Jahre später starb Heinrich der Stolze, Vater Heinrich des Löwen, und 1141 schließlich Kaiserin Richenza. Beide ruhen ebenfalls im Königslutterer Kaiserdom. Heinrichs Frau Gertrud, die Mutter Heinrich des Löwen, heiratete später den Markgrafen Heinrich Jasomirgott von Österreich.
Die Süpplingenburg steht nicht mehr. So ist es denn nur der Dom in Königslutter, der heute noch von der Größe, Bedeutung und Macht Lothars Zeugnis ablegt. Das Gebäude selbst birgt dabei Geheimnisse, über die Experten noch heute rätseln.

Touristische Tips

Von der Süpplingenburg selbst, der Stammburg des Kaisers Lothar III., ist nichts erhalten. Sie lag etwas westlich des heutigen Ortes mit diesem Namen auf einer Insel der Schunter. Als letzter Rest der alten Burg- oder Comturei-Gebäude kann womöglich die im Kern romanische Johanniskirche gelten, deren erster Bau bereits um 1300 zerstört und später neu aufgebaut wurde. Einzelne Teile – Außenmauer, Chor – gehen auf sehr frühe Zeiten zurück, vielleicht sogar bis auf Lothar III. Von Süpplingenburg aus sind die Wandergebiete Dorm, Lappwald und Elm leicht zu erreichen.

Information

Fremdenverkehrsamt Königslutter,
Am Markt 1 (Rathaus), 38154 Königslutter am Elm, Tel.: 05353/501-129

Die Stiftskirche – der sogenannte Kaiserdom – in Königslutter. Kaiser Lothar III. von Süpplingenburg ließ sie von 1135 an bauen

Rätsel um des Kaisers Dom

Das Löwenportal im nördlichen Seitenschiff des Kaiserdomes in Königslutter läßt lombardische Einflüsse erkennen

Fährt man die B 1 ostwärts in Richtung Helmstedt, so tauchen etwa 20 Minuten hinter Braunschweig rechterhand drei mächtige Türme auf: der sogenannte Kaiserdom, der eigentlich eine Stiftskirche war, kündigt die Stadt Königslutter an.

Einst war Königslutter Sitz eines Kanonissenstiftes, Peter und Paul, das Markgraf Bernhard II. von Haldensleben gegründet hatte. Das Kaiserpaar Lothar III. von Süpplingenburg und Richenza, die Großeltern Heinrich des Löwen, wandelten das Stift dann in ein Benediktinerkloster um. Im Jahre 1135 begann Lothar mit dem Bau der Klosterkirche, einer dreischiffigen Basilika, und bestimmte sie auch zur Grabeskirche seiner Familie.

Als nach ihm, der im Jahre 1137 starb, Schwiegersohn Herzog Heinrich der Stolze (1139) und schließlich Kaiserin Richenza im Jahre 1141 im Dom beigesetzt wurden, dürften die Ostteile bereits fertiggestellt gewesen sein, Langhaus und Kreuzgang aber wurden erst in der zweiten Hälfte des Jahrhunderts vollendet.

Nach der Reformation wurde der Dom Pfarrkirche. Das Kloster blieb zunächst bestehen. Erst 1865 entstand an der Stelle des ehemaligen Abtgebäudes eine Heil- und Pflegeanstalt für Nervenkranke, heute Landeskrankenhaus.

Die im romanischen Stil ausgeführte Stiftskirche ist eines der bedeutendsten Baudenkmäler Niedersachsens. Der äußere Schmuck des Monumentalbaus wie auch die Säulen im Innern mit prachtvoll gearbeiteten Kapitellen deuten auf italienische Steinmetze hin. Nichts aber weiß man von dem Baumeister.

Rätselhaft sind auch die Steinbildnisse. Was zum Beispiel bedeutet der berühmte Jagdfries? Er schmückt an der Ostseite des Domes die Außenwand der Chorapsis. Unter einer wunderbar herausgearbeiteten Akantusblattwelle zeigt er in sieben Bogenfenstern Jagdszenen: zwei hetzende Hunde, je einen Hund mit einem Hasen oder Wildschwein als Beute, einen Treiber mit einem erlegten Hasen, einen flüchtenden Hirsch. In der Mitte aber ist ein eigenartiges Motiv, auf das die anderen Szenen hinführen: Ein an den Füßen gefesselter Jäger liegt unter zwei Hasen, die ihm auch noch die Hände binden.

Die Konsolen der Halbbogen zeigen Reliefs von Menschen, Tieren und Fabelwesen, aus deren Mund oder Maul beidseitig Blattwerk herausrankt, das zum Teil in Tierköpfen endet. Über dem Fries an der rechten Seite steht spiegelverkehrt die lateinische Inschrift „hoc opus eximium vario celamine mirum sc ...“ („Dieses prächtige Werk, wunderbar in vielfältigen Bildern schuf ...“). Hier bricht der Text ab.

Zwei Fragen also: Wer hat die Arbeiten ausgeführt? Was sollen die Darstellungen bedeuten? Heinz Röhr,

Daten aus der Geschichte

1135 Baubeginn des Domes in Königslutter durch Kaiser Lothar III., der Grabeskirche seiner Familie

1137 Tod Lothars in Tirol während der Rückkehr von einem Italienfeldzug und Beisetzung im Dom zu Königslutter. Vorher noch hatte er seinen Schwiegersohn Heinrich den Stolzen mit dem Herzogtum Sachsen belehnt

1138 Konrad III., ein Staufer, wird für Lothar zum deutschen König gewählt

1139 Tod Heinrich des Stolzen in Quedlinburg

1141 Kaiserin Richenza stirbt. Sie wird, wie vor ihr Kaiser Lothar und Heinrich der Stolze, im Dom zu Königslutter beigesetzt

Der romanische Kreuzgang mit seinen unterschiedlich ornamentierten Säulen gehört zu den schönsten in Deutschland

Das Innere der Stiftskirche in Königslutter mit den Gräbern von Kaiser Lothar III., seiner Gemahlin Richenza und ihres Schwiegersohnes Heinrich des Stolzen

Touristische Tips

Königslutter, einst an der wichtigen Handelsstraße von Braunschweig nach Magdeburg entstanden, ist heute eine moderne Kleinstadt mit mittelalterlichem Gepräge in der Innenstadt. Hauptanziehungspunkt ist natürlich der Dom des Kaisers Lothar III. mit dem Löwentor und einem berühmten Kreuzgang. Ganz in der Nähe – im Park des Landeskrankenhauses – befindet sich die 800 Jahre alte Kaiser-Lothar-Linde. Lohnende Ziele sind ferner das Kaiserdom-Museum mit historischer Dombauhütte und das ursprünglich in Braunschweig beheimatete Museum mechanischer Musikinstrumente.
Königslutter liegt am Elm, einem Höhenzug mit einem der größten Buchenwälder Norddeutschlands. Ein Netz von Wander- und Radwegen durchzieht die Wälder dieses Mittelgebirges, in dem bis zu 200 Millionen Jahre alte Versteinerungen zu finden sind.
In einem kleinen Museum werden zahlreiche Fundstücke gezeigt.

Information

Fremdenverkehrsamt Königslutter
(siehe Seite 19)

Heimatforscher in Königslutter, hob im „Braunschweiger Kalender 1978" hervor, daß künstlerische Vorbilder für den Jagdfries in Oberitalien zu finden seien. Der Jagdfries am Portal des Domes von Verona stimme fast mit dem in Königslutter überein. Geschaffen hat den ein Meister Nikolaus im Jahre 1139, von dem auch das Theoderich-Relief am Portal von S. Zeno in Verona stammt. Es ist denkbar, daß Meister Nikolaus, den Lothar III. vielleicht von seinen Italienreisen her gekannt hat, in Königslutter arbeitete.
Und die Deutung der Jagdszenen? Wegen seiner großen Fruchtbarkeit war im Mittelalter der Hase Symbol für eine übersteigerte Sexualität. So lautet denn eine Version: Die Fesselung des Jägers durch die Hasen versinnbildlicht die Verstrickung der Menschen durch ihre Sinnlichkeit. Das lehnen manche Wissenschaftler ab. Sie sehen in dem Fries eine Darstellung der „verkehrten Welt". Uns erscheint dieses indes als wenig glaubhaft, denn der fromme Lothar III. hätte seinen Dom sicher nicht für solche Späße hergegeben. Andere Deutungen sehen in der Gestalt des Jägers die des Teufels, der die christlichen Seelen (Hasen) jagt. Niemand also weiß es wirklich.

Teil des berühmten Jadfrieses an der Ostseite des Kaiserdomes

Ein Fürst baut sich sein Reich

Heinrich der Löwe – ob er wirklich so ausgesehen hat, weiß niemand. Zu seiner Zeit arbeiteten Künstler noch nicht auf Porträtähnlichkeit hin

Als Heinrich der Stolze im Jahre 1139 starb, war sein Sohn Heinrich, der später Heinrich der Löwe heißen sollte, etwa zehn Jahre alt. Vater Heinrich hinterließ seinem Sohn und dessen Mutter Gertrud wohl ein bedeutendes Vermögen, nicht aber die Herzogtümer Sachsen und Bayern. Die nämlich hatte ihm König Konrad III. vorher schon nach einem Streit abgesprochen.

Die Vorgeschichte: Kaiser Lothar III. hatte seinen Schwiegersohn Heinrich den Stolzen, Herzog von Bayern, kurz vor seinem Tod (1137) nicht nur mit dem Herzogtum Sachsen belehnt, sondern ihm auch die Reichsinsignien übergeben. Heinrich sah sich bereits als neuen König auf dem Thron, aber die deutschen Fürsten wählten 1138 nicht ihn, der offensichtlich ein herrischer und überheblicher Typ war, sondern den Staufer Konrad III.

Die Reichsinsignien gab Heinrich der Stolze zwar zurück, lehnte aber die Huldigung empört ab, denn Konrad III. forderte als Rechtsgrundlage, daß kein Fürst über zwei Herzogtümer verfügen dürfe. In der Auseinandersetzung darüber verfiel Heinrich der Reichsacht und verlor beide Herzogtümer.

Nach dem überraschenden Tod Heinrichs des Stolzen, 1139 in Quedlinburg am Harz, übernahmen für den kleinen Heinrich Mutter Gertrud und Großmutter Richenza den Kampf um Rückgabe der Herzogtümer. Einen Teilerfolg erzielten sie mit der Anerkennung des jungen Heinrich als Herzog von Sachsen auf dem Reichstag zu Frankfurt anno 1142. Auf Bayern jedoch mußte er zunächst weiterhin verzichten.

Erst 1156 erhielt Heinrich Bayern als Lehen von Konrads Nachfolger, König Friedrich I. Barbarossa, zurück. Allerdings ohne die Mark Österreich, die abgetrennt und als selbständiges Herzogtum dem Babenberger Markgrafen Heinrich Jasomirgott, zum Ausgleich für das ihm zunächst überantwortete Bayern, überlassen wurde.

In Sachsen hatte Heinrich der Löwe unterdessen seine Macht etabliert und sich durch Tausch, Kauf oder auch durch Gewalt und ohne jeden Skrupel weitere Gebiete angeeignet. In Feldzügen gegen die Slawen gewann er Land jenseits der Elbe und vergrößerte sein Fürstentum bis zur Ostsee hin.

Friedrich I. deckte das oft rigorose Vorgehen seines Vetters Heinrich, trotz zahlreicher Proteste und offizieller Klagen anderer Fürsten oder Geistlicher. Er billigte ihm sogar das Recht zu, in den nordelbingischen Bistümern Oldenburg, Mecklenburg und Ratzeburg Bischöfe einzusetzen und neue Bistümer zu gründen – allerdings nur im Namen des Königs, dem

Daten aus der Geschichte

1141 Géza II., König von Ungarn, siedelt Deutsche in Oberungarn an

1145 Gründung des Zisterzienserklosters Riddagshausen (Braunschweig)

1152 Friedrich I. Barbarossa wird zum König gewählt

1155 Krönung Friedrichs zum Kaiser durch den Papst in Rom

1158 Heinrich der Löwe läßt als Herzog auch von Bayern eine zum Gebiet des Bischofs von Freising gehörende Markt- und Zollstätte am Isarübergang bei Föhring zerstören und auf seinem eigenen Gebiet eine Meile stromaufwärts nahe einer Siedlung von Mönchen neu einrichten (Entstehung Münchens)

Residenz Heinrichs des Löwen in Braunschweig. Eine Rekonstruktion des Stadtbaurates Ludwig Winter (1843–1930)

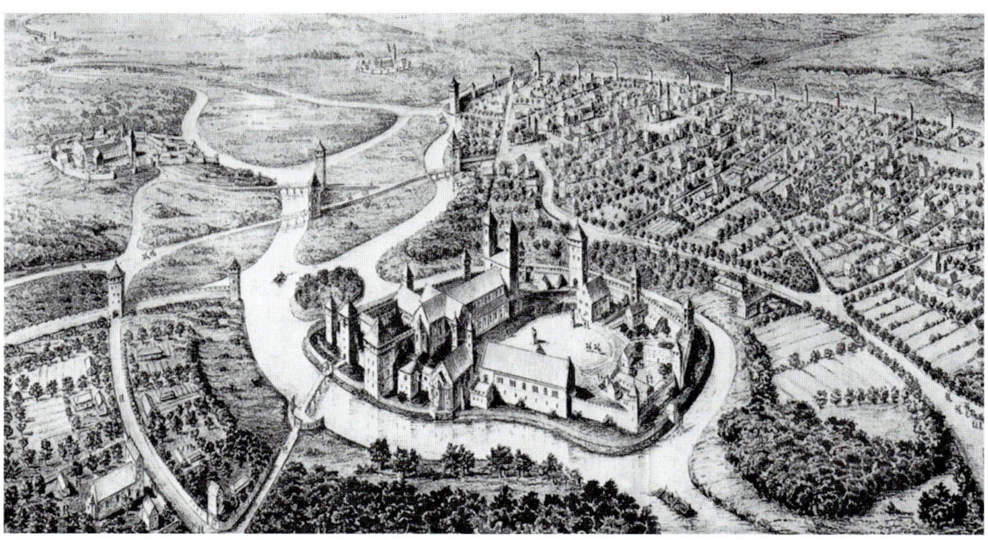

Burg Dankwarderode heute: Sie steht dort, wo Heinrich der Löwe seine Pfalz hatte. In historischer Anlehnung nach Plänen von Stadtbaurat Ludwig Winter 1887–1906 gebaut

allein das Recht auf Investitur auch weiterhin zustand. Friedrich, der 1155 in Rom zum Kaiser gekrönt wurde, sicherte sich so in Heinrich dem Löwen einen treuen Gefolgsmann.

Dieser Gefolgsmann ging indes auch konsequent seinen eigenen Interessen nach, und die waren: Ausbau eines ursprünglichen Stammesherzogtums zu einem starken Territorialstaatsgebilde. Voraussetzung dafür war Prosperität im Herzogtum. Für Heinrich hieß das: Intensive Förderung der Städte und Märkte. Neben Braunschweig, das er zu seiner Residenz machte, sind mit seinem Namen Stade, Lüneburg und zunächst auch Bardowick (das er später fallen ließ und schließlich sogar zerstörte) sowie Lübeck, Ratzeburg und Schwerin verbunden. Er gewährte Zollfreiheiten zur Intensivierung des Fernhandels, vergab Marktprivilegien, sicherte auswärtigen Kaufleuten Schutz zu, sorgte für den Ausbau der Marktorte und verlieh das Stadtrecht.

Selbst hat Heinrich der Löwe eine Stadt nie wirklich gegründet. Wo er eingriff, gab es jeweils schon Siedlungen oder Marktorte, die er förderte, sofern er sich Gewinn davon versprach. Gewinn nämlich war sein Hauptmotiv: Wo der Handel wuchs und die Einwohnerzahl zunahm, da mehrten sich auch die Einkünfte, die dem Herzog aus den Marktabgaben, den Einnahmen aus Münze und Zoll und aus der Gerichtsbarkeit zuflossen.

Touristische Tips

Der Burgplatz in Braunschweig mit der Burg Dankwarderode (rekonstruiert), dem Burglöwen davor (erste freistehende Bronze-Großplastik nördlich der Alpen, entstanden 1166) und dem, von Heinrich dem Löwen errichteten, Dom St. Blasii (Baubeginn 1173) ist ein historischer Schwerpunkt im Stadtbild von Braunschweig. Exponate aus dem Mittelalter sind im Braunschweiger Landesmuseum (ebenfalls am Burgplatz) zu sehen. Einen Teil des Welfenschatzes zeigt das Herzog-Anton-Ulrich-Museum in der Burg Dankwarderode. Zeugnisse von Braunschweigs Entwicklung vom Wiek (Handelsplatz) zur Residenzstadt bietet das Städtische Museum in einer ständigen Ausstellung im Altstadtrathaus am Altstadtmarkt.

In Salzgitter sind die Ruinen der Burg Lichtenberg zu besichtigen, einer Burg Heinrichs des Löwen, die als befestigter Beobachtungspunkt gegen die Reichsstadt Goslar gilt und gleichermaßen zur Sicherung des Gebietes gegen die Interessen der Hildesheimer Bischöfe diente. Besucher können von einem hölzernen Aussichtsturm über einen Bergfried weit hinaus ins Land schauen.

Grabplatte im Braunschweiger Dom: Heinrich der Löwe mit dem Modell von St. Blasii im Arm

Sage

Auf seiner Pilgerfahrt ins Heilige Land geriet Herzog Heinrich mit seinem Schiff in einen schrecklichen Sturm. In höchster Not ließ er sich in eine Tierhaut nähen, damit der sagenhafte Vogel Greif ihn als vermeintliche Beute vom Schiff an Land brächte. So geschah es denn auch. Als der Vogel seine Beute auf einer einsamen Insel im Nest der Jungen abgelegt hatte und erneut auf Futtersuche geflogen war, befreite sich Heinrich, erschlug die Brut des Riesenvogels und machte sich auf den Weg.

In einem Wald traf er auf einen Löwen, der sich mit letzter Kraft gegen einen Lindwurm (oder Schlange) wehrte. Mit seinem Schwert tötete Heinrich den Lindwurm, und von da an wich der Löwe nicht mehr von seiner Seite. Heinrich baute nun ein Floß, mit dem beide die Insel verließen. Aber kein Land kam in Sicht. Plötzlich erschien aus der Luft der Teufel. Er werde sie nach Braunschweig bringen, bot er dem Herzog an. Sollte Heinrich aber schlafen, gehöre seine Seele ihm, dem Teufel. Heinrich stimmte zu, und der Teufel setzte ihn auf dem Giersberg in Braunschweig ab. Prompt schlief Heinrich ein. Als der Teufel nun mit dem Löwen eintraf, brüllte das Tier fürchterlich, weil es ihn für tot hielt. Heinrich erwachte, und fluchend machte sich der Teufel davon.

Die Burg Dankwarderode war festlich geschmückt, denn Frau Mathilde, des Wartens auf Heinrich müde, wollte wieder heiraten. Heinrich und den Löwen ließ man nicht hinein, aber einen Becher Wein gab man dem Fremden. Heinrich trank ihn leer, warf seinen goldenen Ring in den Becher und ließ ihn der Herzogin bringen. Mathilde erkannte den Ring sofort, und eitel Freude herrschte allerseits.

Sturz eines Giganten

Auch gegen den gewaltsamen Widerstand der anderen sächsischen Fürsten setzte Heinrich der Löwe seine rigorose Territorialpolitik durch und schuf ein nahezu geschlossenes Herrschaftsgebiet mit Braunschweig als Residenz. Um 1160 ließ er in der Stadt längs des Bohlwegs das Weichbild Hagen anlegen.

Dafür herbeigerufene Flanderer entwässerten und rodeten das Areal und ließen sich dort als Tuchmacher, Wollweber und andere Handwerker nieder. Ungefähr zur gleichen Zeit ließ Heinrich die Weichbilde – ausgenommen Altewiek – mit gemeinsamer Mauer und mit Gräben befestigen.

Als Zeichen seiner Macht und Größe errichtete er 1166 vor der Burg Dankwarderode den Burglöwen, damals vergoldet. 1168 heiratete er in zweiter Ehe Mathilde, die Tochter des englischen Königs Heinrich II. Die Burg Dankwarderode hatte der Herzog zu diesem Zeitpunkt wahrscheinlich schon nach dem Vorbild der Pfalz in Goslar ausbauen lassen, aber größer und prunkvoller als alle von Friedrich I. errichteten Königspfalzen. Kaiser Friedrich I. Barbarossa beobachtete die Machtpolitik Heinrichs mit wachsendem Mißtrauen. Die sonst nur Königen vorbehaltenen zeremoniellen Ehrungen für den Sachsenherzog am Hofe des byzantinischen Kaisers Manuel I. während der Pilgerfahrt Heinrichs und seinem großen Ge-

Als Zeichen seiner Macht ließ im Jahr 1166 Herzog Heinrich der Löwe vor seiner Burg das berühmte Löwen-Stadtbild errichten

folge im Jahre 1172, die Ehrerbietung für ihn in Jerusalem sowie auch der orientalische Prunk, mit dem ihn Sultan Kilidj Arslan von Ikonium (heute Konya, Türkei) überhäufte, machten Barbarossa deutlich, daß der Sachsenherzog im Reich bereits eine königsgleiche Position einnahm und von anderen Herrschern als ihm, Friedrich I., gleichrangig angesehen wurde.
Mit zahlreichen Reliquien aus dem Schatz des oströmischen Kaisers Manuel I. und kostbaren Geschenken von Sultan Kilidj Arslan – darunter zwei Jagdleoparden, aus denen dann in der Sage Heinrichs Löwe aus dem Heiligen Land geworden sein dürfte – kehrte der Herzog Anfang 1173 von der Pilgerreise in seine Residenz Braunschweig zurück. Umgehend ließ er die brunonische Stiftskirche abreißen und an ihrer Stelle seinen Dom errichten, den er reich mit Reliquien ausstattete wie auch andere Kirchen in seinem Machtbereich.
Zur Vertrauenskrise zwischen Heinrich und Barbarossa kam es 1176, als Heinrich der Löwe bei Chiavenna in Norditalien dem – angeblich kniefällig bittenden – Kaiser Waffenhilfe gegen die Lombardei verweigerte, sofern der ihm nicht Goslar und die Silberminen im Rammelsberg überließe. Das lehnte Friedrich I. als Erpressung ab.
In Sachsen begannen 1177 erneut gewaltsame Auseinandersetzungen. Auf Klagen der sächsischen Fürsten gegen Heinrich den Löwen wegen zahlreicher Rechtsbrüche eröffnete Kaiser Friedrich I. 1179 das förmliche Rechtsverfahren. Heinrich erschien zu keiner der Verhandlungen auf den Reichstagen.

Tiefe Kratzspuren sind an einer Seitenpforte des Domes zu sehen. Die Sage berichtet, daß der über den Tod seines Herrn verzweifelte Löwe dort gekratzt hat, als er zum Grab des Herzogs wollte. Vermutlich aber stammen sie vom Kriegsvolk, daß seine Waffen an heiliger Stätte schärfte.

So wurde er im Januar 1180 in Würzburg wegen Machtmißbrauchs, unrechtmäßiger Aneignung und auch wegen Mißachtung der kaiserlichen Majestät verurteilt. Die Herzogtümer Sachsen und Bayern wurden ihm aberkannt, er verlor zudem sämtliche Reichslehen und verfiel der Oberacht, der völligen Rechtlosigkeit.
Mit einer Reichsheerfahrt gegen Sachsen setzte Kaiser Friedrich I. das Urteil gegen den verbissen kämpfenden Heinrich durch, der sich dann auf dem Reichstag zu Erfurt 1181 offiziell unterwerfen mußte. Dort erhielt er wohl sein Eigengut Braunschweig und Lüneburg zurück, nicht aber die Herzogtümer Sachsen und Bayern.
Bis 1185 mußte er ins Exil und ging mit seiner Familie nach England zu König Heinrich II. Allein ging er dann noch einmal 1189. Im gleichen Jahr kehrte er jedoch aus Anlaß des Todes von Mathilde zurück. Versuche, seine alte Macht wiederzuerlangen, scheiterten. Am 6. August 1195 starb Heinrich der Löwe und wurde im Dom neben seiner Frau Mathilde beigesetzt.

Touristische Tips

Der Hagenmarkt war Kernpunkt des von Heinrich dem Löwen angelegten neuen Braunschweiger Weichbildes Hagen. Zur Erinnerung an den Gründer des Hagen ließ 1874 Oberbürgermeister Heinrich Caspari den Heinrichsbrunnen errichten.
Im Innern des Domes St. Blasii sind sakrale Kunstwerke des Mittelalters zu sehen: der Marienaltar, den Heinrich der Löwe und Frau Mathilde stifteten (1188), der siebenarmige Leuchter und das Imervard-Kruzifix (2. Hälfte des 12. Jh.). Das Grabmal Heinrichs und Mathildes zeigt beide als überlebensgroße Relieffiguren.
Der Burglöwe in Braunschweig ist in drei Ausführungen zu besichtigen: In der Burg Dankwarderode steht das Original von 1166, das nach schweren Umweltschäden restauriert werden mußte. Im Landesmuseum gegenüber der Burg ist das „Double“ zu sehen, das während des Zweiten Weltkrieges für das im Rammelsberg bei Goslar vor Bomben sichergestellte Original auf dem Sockel stand. Und schließlich der heutige Burglöwe als vollkommene zweite Kopie.

Ein Heiliger vertrieb die Schwaben

An einem Giebel der Aegidien-Kirche: St. Autor mit goldenem Kreuz

Daten aus der Geschichte

Um 1200 entstehen erstmals Schiffe mit alleinigem Segelantrieb. Bis dahin hatte es nur den Antrieb durch Segel kombiniert mit Ruderantrieb gegeben

1209 Baubeginn des Magdeburger Domes. Er gilt als erster gotischer Bau in Deutschland. Fertiggestellt 1263, allerdings die Westtürme erst um 1520

1230 König Heinrich III. von England verbrieft den Braunschweiger Bürgern Schutz und ungehinderten Handel in seinem Reich

Von Sachsen als Herrschaftsbereich eines der mächtigsten Fürsten des Abendlandes war immer die Rede gewesen. Von der Stadt Braunschweig dagegen so gut wie nie, obwohl Heinrich der Löwe sie zu seiner Residenz erhoben und großzügig ausgebaut hatte. Das sollte sich ändern: Braunschweig wurde sogar kaiserliche Residenz. Allerdings brauchte das seine Zeit, und lange dauerte die ganze Herrlichkeit auch nicht.

Kaiser Friedrich I. Barbarossa hatte 1180 auf dem Reichstag in Gelnhausen das Herzogtum Sachsen aufgeteilt. Der westliche Teil (Westfalen) fiel dem Erzbischof Philipp von Köln zu. Mit dem übrigen Teil wurde der Askanier Bernhard von Anhalt belehnt, der Sohn von Albrecht dem Bären. Damit war der von Kaiser Friedrich zuletzt so gefürchtete Machtblock Heinrich des Löwen zerschlagen.

Aber bereits 1198, drei Jahre nach Heinrichs Tod, tritt wieder ein Welfe in den Mittelpunkt des politischen Geschehens: Otto, der in England aufgewachsene zweitälteste Sohn Heinrichs, wird von einigen norddeutschen Fürsten, auf Betreiben des Erzbischofs Adolf von Köln, als Nachfolger Heinrich VI. zum deutschen König Otto IV. gewählt. Die Anhänger der Staufer erheben dagegen Philipp von Schwaben zum König. Die Folge ist Krieg, und Kriegsschauplatz wird diesmal auch Braunschweig und sein Umland.

Im Sommer des Jahres 1200 rücken Philipps Heerscharen gegen Braunschweig vor. Helmstedt wird in Brand gesteckt, sogar das Ludgerikloster nicht verschont. Dann formieren sich die Truppen vor den Mauern der Löwenstadt. Alle Versuche, Braunschweig im Sturm zu nehmen, scheitern jedoch. Da startet Philipp von Norden her einen Scheinangriff, dringt gleichzeitig aber gegen die nicht so stark befestigte Altewiek vor. Im Bereich Hinter Liebfrauen und St. Aegidien kommt es zu schweren Kämpfen. Bürgerwehren und Kriegsknechte unter dem Kommando von Pfalzgraf Heinrich, dem ältesten Sohn Heinrich des Löwen, treiben Philipps Scharen schließlich wieder zurück. Als es den Braunschweigern dann gelingt, den Feinden den Proviant zu rauben und den Nachschub abzuschneiden, bricht Philipp die Belagerung ab.

Die Legende sieht das allerdings anders. Derzufolge erschien der heilige Autor (auch St. Auctor), Schutzpatron der Stadt Braunschweig, mit flammendem Schwert auf der Stadtmauer und wehrte die Feinde ab, die daraufhin in Panik davonliefen.

Ein Stück der mittelalterlichen Stadtmauer steht heute unter Denkmalschutz am Prinzenweg. Die Mauer, fünf Meter hoch, gehörte zur Befestigung an der Südgrenze Braunschweigs

Der heilige Autor war im 5. Jahrhundert Bischof von Trier gewesen. Angeblich erschien er der Markgräfin Gertrud von Sachsen, Urgroßmutter von Heinrich dem Löwen, im Traum und bat, sie möge seine Gebeine nach Braunschweig holen, was die dann auch tat. Sie stahl die Reliquien aus der Krypta von St. Maximin vor Trier und schaffte sie in das von ihr 1155 gegründete Aegidienkloster.

König Otto IV. verlieh später den Braunschweigern für ihre Tapferkeit und Treue zu ihm wie auch zu seinem Vater,

Braunschweigs Schutzpatron St. Autor über der Stadtmauer mit dem Stadtwappen, 1514, aus Hermann Botes „Schichtbuch“

Heinrich dem Löwen, Zollfreiheit im gesamten Deutschen Reich. Im Jahre 1208 ermordete Pfalzgraf Otto von Wittelsbach „aus persönlicher Rachsucht“ – so steht‘s geschrieben – in Bamberg Philipp von Schwaben. Nun wurde Otto mit allen Stimmen zum König gewählt. 1209 erhielt er in Rom die Kaiserkrone.

Aber Otto IV. erhob – entgegen früherer Zusicherungen – Anspruch auf italienische Gebiete. Daraufhin bannte ihn Papst Innozenz III. und machte im Einvernehmen mit Frankreich den jungen Staufer Friedrich II. zum Gegenkönig. Nach seiner Niederlage 1214 bei Bouvines kehrte Otto entmachtet nach Braunschweig zurück und starb 1218 auf der Harzburg.

Nachdem auch der Pfalzgraf Heinrich starb, erbte Otto das Kind, der Sohn des Herzogs Wilhelm von Lüneburg und Enkel Heinrich des Löwen, die welfischen Stammlande. Auf dem Reichstag zu Mainz (1235) übergab Otto nun Kaiser Friedrich II. die welfischen Eigengüter. Friedrich erhob diese als Reichslehen zu einem neuen Herzogtum Braunschweig und Lüneburg und machte den Reichsfürsten Otto das Kind zum Herzog, der somit dem Herzogtum Sachsen der Askanier nicht unterstand.

Touristische Tips

Der mächtige Bau von St. Aegidien, ehemals Klosterkirche der Benediktiner, beherrscht noch heute das Bild an der damals südlichen Stadtgrenze des alten Braunschweigs. Das Kloster war 1278 während einer Feuersbrunst in der Stadt abgebrannt. Mit dem Bau einer neuen Kirche wurde umgehend begonnen. Von 1529 an, also unmittelbar nach Einführung der Reformation, wurde sie evangelisch-lutherische Pfarrkirche. In der napoleonischen Zeit machten die Besatzer sie zum Heumagazin und Versorgungsdepot ihrer Truppen. Von 1836 an war die Kirche Festhalle, ab 1902 Ausstellungshalle des Vaterländischen Museums, Vorläufer des heutigen Braunschweigischen Landesmuseums. Reste des Kreuzganges sowie der 1902 auf dem Bohlweg abgerissene und hier wiedererrichtete Chor des ehemaligen Paulinerklosters sind dem Museum weiterhin zugeordnet, das seinen Hauptsitz inzwischen am Burgplatz hat. Die „Aegidienhalle“ wurde 1945 wieder zur katholischen Kirche als Ersatz für die während des Zweiten Weltkrieges zerstörte St. Nikolai-Kirche.

Dicht bei der Kirche liegt Ottilienteil, ein einst zum Kloster gehörendes Gebiet mit kleinen Fachwerkhäusern, die in jüngerer Zeit restauriert oder auch unter Verwendung des alten Fachwerks wiedererrichtet worden sind. In umittelbarer Nachbarschaft der Kirche steht das Geburtshaus des Geigers, Komponisten und Dirigenten Ludwig (Louis) Spohr (1784–1859). Der Platz, ehemals Friedhof von St. Aegidien, wurde bereits 1896 nach ihm benannt.

Information

Niedersächsisches Staatsarchiv, Forstweg 2, 38302 Wolfenbüttel, Tel.: 05331/935-0

Propstei-Pfarramt St. Aegidien, Spohrplatz 9, 38100 Braunschweig, Tel.: 0531/45611

Eine der ersten Ausgaben des Eulenspiegel-Volksbuches

Derbe Späße in fast allen Sprachen

Fürsten, Könige und Kaiser – ihnen allen hat einer aus dem Braunschweiger Land bis heute die Schau gestohlen, und der trug keine Krone, führte keine Heerscharen in die Schlacht: Till Eulenspiegel, der Schalk von Kneitlingen. In zahlreiche Sprachen sind die Geschichten seiner Streiche übersetzt worden. Darunter sind nicht nur sämtliche europäische Sprachen inklusive Latein und Jiddisch, sondern auch Exotisches wie Afrikaans, Chinesisch, Thailändisch und vier indische Dialekte.

Kunde von Till Eulenspiegel und seinen Streichen gab erstmals der Braunschweiger Zollschreiber Hermann Bote (ca. 1467–1520). Als älteste Ausgabe seines Volksbuches vom Eulenspiegel gelten drei Drucke von Johannes Grüninger in Straßburg: ein Fragment von 1510/11 (in Privatbesitz), ein nur in einem Exemplar noch vorhandener Druck von 1515 (im Britischen Museum in London) und ein Druck von 1519 (ebenfalls nur noch ein Exemplar in der Forschungsbibliothek in Gotha).

Geboren wurde Till Eulenspiegel um das Jahr 1300 in dem Dorf Kneitlingen am Elm – sofern es ihn wirklich gegeben hat. Für viele Eulenspiegelforscher besteht daran kein Zweifel. Ob dieser Till dann aber wirklich all die Streiche genau so begangen hat, da sind auch die sich nicht sicher. Einen Eulenspiegelhof jedenfalls gibt es in Kneitlingen, das heute zur Samtgemeinde Schöppenstedt gehört.

Als Tills Vater nennt Hermann Bote einen Claus Eulenspiegel und als Mutter dessen Ehefrau Anna Wibcken. In Ampleben, dem Nachbardorf, wurde der kleine Till getauft – dreimal sogar, so berichtet die erste Historie in Botes Volksbuch: einmal in der Kirche, ein zweites Mal, als nach reichlichem Biergenuß die Taufgesellschaft heimwärts zog und die Taufpatin (oder die Amme) mit dem Säugling von einem Steg in eine Schmutzlache fiel, und da mußte natürlich – drittens – Till gebadet werden. Kein Wunder, daß er Zeit seines Lebens ein mit allen Wassern Gewaschener blieb.

Eulenspiegel als Motiv auf Braunschweiger Notgeld

Daten aus der Geschichte

1298 Vorschriften über Preis und Qualität des Bieres werden von den Landesherren und Gemeinden erlassen

Um 1300 An den Höfen und in den Städten bildet sich ein Apothekerstand in Deutschland

Nach 1300 Die ersten Glasfenster kommen auf, allerdings nur langsam, denn nur sehr Wohlhabende können sie sich leisten

1303 Erste Erwähnung des Gewandhauses in Braunschweigs Stadtteil Altstadt

1348–1350 Schwere Seuchen (Pest und Pocken) fordern in Europa etwa 25 Millionen Tote, circa ein Viertel der Gesamtbevölkerung

Der Braunschweiger Architekt Prof. Dieter Quiram schuf den Erweiterungsbau des Eulenspiegel-Museums in Schöppenstedt, der 1996 in Betrieb genommen wurde

Till Eulenspiegel war kein Witzbold oder gar Clown. In Botes Geschichten trieb er mit seinen Mitmenschen – am liebsten mit der weltlichen und der geistlichen Obrigkeit – derbe und oft sehr unfeine Späße, indem er ihre Eigenarten übertrieb und so etwa den geldgierigen Pfaffen, die herrische Hausfrau oder den geizigen Handwerksmeister bloßstellte.
Ihre Dummheit zeigte er auf, indem er ihr Gerede wörtlich nahm. „Eulen und Meerkatzen“, sagte unwirsch der Bäckermeister in Braunschweig auf die vermeintlich unsinnige Frage seines Gesellen Till, was er wohl backen solle. Also buk Till Eulen und Meerkatzen und machte dabei schließlich noch ein gutes Geschäft, denn der Meister warf ihn am nächsten Morgen mitsamt dem Backwerk hinaus, für das Till dann bei belustigten Kirchgängern reißenden Absatz fand. Eulen und Meerkatzen backt noch heute ein Bäcker in Braunschweigs Innenstadt.
Weit kam der Schalk aus Kneitlingen herum. Ganz Norddeutschland durchwanderte er, aber es gibt auch Geschichten aus Köln und aus dem Süden Deutschlands. Sogar in Polen und beim Papst in Rom soll er seine Späße getrieben haben. Gestorben und begraben ist er im Jahre 1350 in Mölln, wie ein Gedenkstein dort besagt. Der Pest sei er erlegen.
Daß man von Till auch heute noch spricht, ist ein Verdienst auch des Freundeskreises Till Eulenspiegel e.V. in Schöppenstedt. Nach eigenen Angaben hat sich der Freundeskreis zur Aufgabe gemacht, „die Eulenspiegelgestalt wissenschaftlich zu erforschen, künstlerisch weiterzubilden und volkstümlich zu erhalten“. Das Eulenspiegel-Museum dort enthält eine Fülle von Exponaten, besonders auch aus dem Bereich der Bildenden Kunst. „Würdigen Personen“ verleiht der Freundeskreis den Titel „Bruder Eulenspiegel“. Prominente Namen tauchen da auf: Ex-Kanzler Konrad Adenauer und der SPD-Politiker Prof. Carlo Schmidt, der Schauspieler Theo Lingen und der Kabarettist Werner Finck, der Maler und Graphiker A. Paul Weber wie auch Hans Leip, Lyriker und Erzähler, der bereits 1915 das Soldatenlied „Lili Marleen“ getextet hat, das dann viel später der Komponist Norbert Schultze, ein Braunschweiger, vertonte.

Information

Eulenspiegel-Museum in Schöppenstedt, Tel.: 05332/938152

Fremdenverkehrsverein e.V., Rathaus, Markt 3, 38170 Schöppenstedt, Tel.: 05332/938130

Touristische Tips

Im Dorf Kneitlingen am Elm, wo Till Eulenspiegel geboren sein soll, steht ein Denkmal für den Schalk vor dem angeblichen Eulenspiegelhof. Auch die einzige Kneipe im Ort trägt Eulenspiegels Namen. Ein hübsches Dorf. Romanische Kirchen in Kneitlingen und im Nachbarort Ampleben.
In Schöppenstedt ist das Eulenspiegel-Museum täglich von 14 bis 17 Uhr geöffnet, samstags und sonntags auch vormittags bis 12 Uhr. Die Stephanuskirche ist ältestes Baudenkmal des Ortes. Ihr romanischer Turm stammt aus dem 12. Jahrhundert.
Von hier aus kann man Ausflüge zu interessanten Zielen in diesem historisch bedeutsamen Bereich Elm, Lappwald und Asse sowie nach Wolfenbüttel und Braunschweig unternehmen. Auch der Harz ist in einer Tagestour erreichbar.

Tills Denkmal vor dem Eulenspiegelhof in Kneitlingen

Daten aus der Geschichte

Um 1252 Die Ebsdorfer Weltkarte entsteht mit Jerusalem als Mittelpunkt. Das Löwenstandbild Heinrichs symbolisiert die Stadt Braunschweig

1397 Johannes Gutenberg, Erfinder des Buchdrucks mit beweglichen Lettern, wird in Mainz geboren

1429 Die Jungfrau von Orléans entsetzt Orléans und erreicht die Krönung Karl VII. in Reims zum König von ganz Frankreich

Reiche Bürger reden mit

Kaiser Friedrich II. hatte im Jahre 1235 das Herzogtum Braunschweig und Lüneburg geschaffen mit dem Lüneburger Otto das Kind auf dem Fürstenthron. Nach Ottos Tod teilten dessen Söhne Albrecht und Johann im Jahre 1267 das Land untereinander auf. Johann übernahm das nördliche Gebiet mit Lüneburg, Celle und der Stadt Hannover und wurde so Begründer des Hauses Lüneburg. Albrecht (Stammvater des Alten Hauses Braunschweig) erhielt den südlichen Teil, der das Gebiet um Braunschweig sowie Gifhorn, Einbeck und Göttingen umfaßte. Die Stadt Braunschweig wurde gemeinschaftlicher Besitz.

In der Folgezeit blieb das Lüneburger Territorium eine Einheit. Das Braunschweiger Gebiet aber erlebte mehrere Teilungen – meistens bedingt durch Erbansprüche – und eine Aufspaltung des Herrscherhauses in mehrere Linien. Albrecht und Johann hatten 1267 aus dem Erbe Otto des Kindes zwar zwei Teilfürstentümer geschaffen, aber die Vorstellung von der Einheit des 1235 entstandenen Herzogtums Braunschweig-Lüneburg galt weiter.

Es war eine Zeit des Wandels. Der Drang der Städte nach Eigenständigkeit nahm mit ihrem steigenden Wohlstand zu. Braunschweig war wirtschaftlich eine Macht. Der Reichtum seiner Bürger zeigte sich an den beeindruckenden Kirchenbauten: Martinikirche in der Altstadt, Katharinenkirche im Hagen und Andreaskirche in der Neustadt.

Der spätgotische Marienbrunnen aus dem Jahre 1408 auf dem Altstadtmarkt in Braunschweig wurde im Krieg zerstört und durch eine Kopie nach den alten Plänen ersetzt

Schon Heinrich der Löwe hatte planmäßig Wirtschaftsförderung betrieben und die Weichbilde mit entsprechenden Privilegien ausgestattet. 1199 dann erhielten die Braunschweiger Kaufleute von Kaiser Otto IV. Zollfreiheit im ganzen Reich, 1228 von König Waldemar II. von Dänemark Schutz und Zollfreiheit, und König Heinrich III. von England sagte ihnen 1230 freien Verkehr in seinem Lande zu. Handelsbeziehungen mit Flandern, Brabant, Holland und Rußland intensivierten sich.

Herzog Otto das Kind hatte um 1227 zwei wichtige Stadtrechtsurkunden ausgestellt: das „Ottonianum" für die Altstadt und die „Jura et libertates Indaginis" für den Hagen. In denen bestätigte der Landes- und Stadtherr diesen bedeutendsten braunschweigischen Teilstädten ihre alten Rechte und erweiterte sie sogar .

Bereits um 1200 dürften sich zunächst in der Altstadt, dann aber auch im Hagen und schließlich in der Neustadt aus einflußreichen bürgerlichen Vertrauensleuten jeweils ein Rat gebildet haben, der die Interessen der Bewohner ihres Weichbildes gegenüber dem Fürsten als Stadtherren oder dessen Vertreter, dem herzoglichen Vogt, vertrat. So gaben die Ratsherren der Altstadt 1231 die Zustimmung zur Bildung der Goldschmiede-Innung, der ältestbekannten Gilde. 1269 vereinigten sich die Weichbildräte der Altstadt, des

Der Altstadtmarkt mit der Martinikirche und dem Altstadtrathaus

Hagens und der Neustadt zu einem „Gemeinen Rat", der die Belange der Gesamtstadt vertreten sollte. Ein Ausschuß zur Erledigung der laufenden Geschäfte pflegte in der Küche der Münzschmiede, an der heutigen Poststraße, zu tagen und wurde daher „Küchenrat" – später „Enger(er) Rat" – genannt. Zum „Gemeinen Rat" kamen um 1300 die Ratsherren von Altewiek und Sack hinzu.

Von Dauer war die Institution des Rates in dieser Form indes nicht. Die in den Jahren wirtschaftlicher Blüte ebenfalls zu Wohlstand gelangten Handwerkergilden forderten bald von den Patriziern ihre Beteiligung an der Stadtregierung. Über Jahrzehnte hinweg kam es immer wieder zu schweren Unruhen, den sogenannten „Schichten", die dann auch zu verfassungspolitischen Änderungen führten.

Den ständig in Geldnot lebenden Fürsten hatte die Stadt Braunschweig zahlreiche Rechte abgekauft. 1432 zog das „Mittlere Haus Braunschweig" daraus die Konsequenz und verlegte die Residenz nach Wolfenbüttel. Keiner der nachfolgenden Herzöge gab jedoch jemals den Anspruch auf die Stadt Braunschweig auf. Im Gegenteil: Manche schickten Heerscharen gegen die aufsässigen Braunschweiger, aber erfolglos – bis zum Jahre 1671.

Touristische Tips

Der Altstadtmarkt in Braunschweig gilt als einer der schönsten Stadtplätze in Deutschland. Die mächtige Martinikirche (Baubeginn um 1200), das Altstadtrathaus aus dem 13. Jahrhundert und der große Bau des Gewandhauses mit seinen prunkvollen Giebeln, einst Zunfthaus der reichen Gilde der Gewandschneider (Tuchhändler), grenzen den Platz in Süden und Westen ein. Der Marienbrunnen auf dem Marktplatz stammt aus dem Jahre 1408, doch steht heute nur noch eine Kopie dort. Das Original wurde Opfer des Luftkrieges: Die Feuerstürme ließen den Aufsatz aus Blei zum großen Teil schmelzen. Nach dem Kriege restauriert, erlitt er schwere Schäden durch Luftverschmutzung. 1988 wurde die Kopie aufgestellt. Originalteile des alten Brunnens sind im Altstadtrathaus zu sehen.

Teil des Marienbrunnens. Bildprogramm und Inschriften hatten religiöse oder stadtpolitische Motive

Eine feine Adresse

Sächsische und welfische Fürsten mit ihren Frauen schmücken die Pfeiler des Altstadtrathauses

Daten aus der Geschichte

1376 Der Herzog von Anjou gestattet den Medizinern der Universität Montpellier mit Erlaubnis der kirchlichen Behörden, pro Jahr eine Leiche zu sezieren

Um 1377 In der englischen Volksballade taucht die Gestalt des Robin Hood auf

1427 Erster und einziger Hansetag im späten Mittelalter in Braunschweig. Auf den Hansetagen wurden von den Mitgliedern städtepolitische Beschlüsse gefaßt

Wenn ausländische Diplomaten nach Braunschweig kommen, hochrangige Politiker oder gar gekrönte Häupter, im Altstadtrathaus geht es dann festlich zu. Walter Scheel, seinerzeit Bundespräsident, sprach vom Balkon des Altstadtrathauses zum auf dem Altstadtmarkt versammelten Volk, und auf eben diesem Balkon zeigten die Profi-Kicker von Eintracht Braunschweig den jubelnden Massen triumphierend die just errungene „Salatschüssel", Trophäe für den Deutschen Fußballmeister – damals, im Jahre 1967. Das Altstadtrathaus ist die „feine Adresse" der Stadt. Das hat Tradition, sie war es nämlich immer.

Im Altstadtrathaus – Baubeginn 1253 und fertig in heutiger Form erst 1450 – tagte nicht nur der Rat, sondern es fand im Mittelalter dort auch das Zeremoniell eines der wichtigsten Rechtsakte statt: die Huldigung. In der Huldigungsordnung von 1345 wird dieses Zeremoniell genau vorgeschrieben. Richard Moderhack, früherer Archivdirektor, berichtet in seiner Stadtgeschichte:

„Auf der Großen Dornse gelobt der neue Landesherr ... vor dem Gemeinen Rat, daß er alle Privilegien seiner Vorgänger bestätigen und gegebenenfalls „bessern" wolle. Aller Streit vor dieser Zeit solle vergessen sein. Erst wenn der Stadtherr die Rechte und Gewohnheiten der Stadt in einer besiegelten Urkunde (Huldebrief) anerkannt hat, schwört der Rat den Huldigungseid. Dann tritt der „Worthalter" (der Große Bürgermeister der Altstadt) auf die Ratslaube und spricht den auf dem Altstadtmarkt versammelten Bürgern den Eid vor, die ihn wiederholen. Die Huldigung erfolgte also durch den Vertrag nur für den jeweiligen Landesherren. Braunschweig fühlte sich dabei nicht als ‚Erbstadt'..."

Wenn der Stadtherr seine Verpflichtungen halte, werde die Stadt auch ihre halten, sonst nicht, heißt es in der Huldigungsordnung, denn Braunschweig sei „durch Gottes Güte" eine freie Stadt. Das stimmte so zwar nicht, aber es zeigte das Selbstbewußtsein seiner Bürger.

Das Altstadtrathaus war jedoch nicht nur Huldigungsstätte, Tagungsort des Rates und Verwaltungszentrum, sondern hier feierten die reichen Patrizier auch munter ihre Feste. Wein, Bier, aber auch Waffen wurden hier gelagert, und es gab eine Folterkammer sowie einen „Diebeskeller".

Im Erdgeschoß waren Lagerräume und Verkaufsstände vornehmlich an Kleider- und Tuchhändler vermietet. Noch heute ist an einem der Außenpfeiler eine eiserne Elle eingelassen, an der im Mittelalter die Käufer kontrollieren konnten, ob der Tuchhändler korrekt gemessen hatte.

Eine eiserne Elle befindet sich noch heute in einem Rathauspfeiler. An ihr konnten Marktbesucher kontrollieren, ob ein Tuchhändler korrekt gemessen hatte

Braunschweiger Kaufleute waren im gesamten Bereich der Hanse an Nord- und Ostsee vertreten. Sie brachten Tuche – einfache Gebrauchsware – und Erzeugnisse des Braunschweiger Metallhandwerks: Messingbecken, Kessel, auch Waffen, Goldschmiedearbeiten; aber auch landwirtschaftliche Erzeugnisse und Bier. Sie importierten englische Wolle, hochwertige Tuche aus Flandern und Brabant, Südfrüchte aus den Mittelmeerländern. Osten

Das Altstadtrathaus am Altstadtmarkt war und ist die „feine Adresse" Braunschweigs

und Norden lieferten Fische, Felle und Häute, Honig und schwedisches Kupfer.

Schon früh gehörte Braunschweig der Hanse an, die zunächst nichts weiter als eine Fahrgemeinschaft der Kaufleute hin zu einem bestimmten Handelsort war. Aus dieser Kaufmannshanse entwickelte sich die Städtehanse. Die Städte übernahmen die Interessenvertretung ihrer Händler, stellten sie unter ihren Schutz und handelten für sie Privilegien aus. Daraus wurde dann ein Städtebündnis auch mit politischer Zielsetzung.

Aus innerstädtischen Wirren bei ihren Mitgliedern hielt sich das Bündnis solange heraus, wie der rechtmäßige Rat einer Stadt nicht gefährdet oder gar entmachtet war. Folglich: Bei der „Großen Schicht" (1374–1380), als in Braunschweig der Rat vertrieben war und acht Ratsherren sogar getötet wurden, schloß die Hanse die Stadt aus und isolierte sie wirtschaftlich, bis die alten Verhältnisse wiederhergestellt waren. Andererseits hat dann die Hanse, durch von ihr aufgestellte Entsatzheere, Braunschweig vor dem Zugriff der Herzöge Heinrich Julius (1606) und Friedrich Ulrich (1615) bewahrt.

Touristische Tips

Das Altstadtrathaus in Braunschweig beherbergt u.a. die Abteilung Stadtgeschichte des Städtischen Museums mit zahlreichen Exponaten über die „Stadtwerdung". Die Repräsentationsräume sind zeitweise zu besichtigen.

Im Städtischen Museum am Löwenhall ist die Stube des Rates eingerichtet. Dort hängen auch Porträts von Braunschweiger Patriziern, so auch das, von Hans Holbein d.J. gemalte, des Cyriacus Kale aus dem Jahre 1533, der sich im Londoner „Stalhof", einem Kontor deutscher Kaufleute, als Hansekaufmann etabliert hatte. Zu sehen sind auch Erzeugnisse Braunschweiger Handwerker, darunter zahlreiche Waffen.

Informationen

Städtisches Museum in Braunschweig,
Am Löwenwall, Tel.: 0531/470-4521

Stadtarchiv, Löwenwall 18 B,
Tel.: 0531/470-4711

Martin Luther

Kampf um die neue Lehre

An der Ostseite der Brüderkirche in Braunschweig steht überlebensgroß die Statue des Johannes Bugenhagen. Der Reformator in fußlangem Rock, in der Hand die Bibel. In dieser Kirche hatte er im Jahre 1528 seine Antrittspredigt gehalten, wenngleich schon lange vorher die Lehre des Martin Luther Stadt und Land Braunschweig erreicht hatte.

Gottschalk Kruse, ein junger Mönch von St. Aegidien, der in Wittenberg bei Luther und Melanchthon studiert hatte, predigte die neue Lehre bereits um 1522 und hatte regen Zulauf. Es waren besonders die einfachen Leute, die sich angesprochen fühlten. Prompt ließ der streng katholische Herzog Heinrich der Jüngere (1489–1568), von Wolfenbüttel, aus den Mönch aus dem Kloster weisen.

Der predigte daraufhin vor den Toren der Stadt weiter, im damals lüneburgischen Volkmarode. Im Herzogtum Lüneburg nämlich fanden die neuen Ideen lebhafte Unterstützung durch Herzog Ernst den Bekenner, der Kruse später auch als Prediger in Celle anstellte.

Der Rat der Stadt Braunschweig und viele Patrizier lehnten – wohl aus Furcht vor Revolution und Umsturz – Luthers Lehre zunächst ab. Ihre Ausbreitung verhindern konnten sie aber nicht. In St. Michaelis (später in St. Magni) predigte der Geistliche Heinrich Lampe vor stets vollbesetztem Haus.

Unter dem Einfluß von Lampe, dem Juristen Autor Sander und anderen angesehenen Persönlichkeiten übte schließlich eine starke Gruppe der Bürgerschaft Druck auf den Rat aus, die Reformation in der Stadt zuzulassen. Daraufhin berief der Rat 1528 zunächst den evangelischen Theologen Heinrich Winkel, holte bald darauf aber Johannes Bugenhagen, um die Reformation durchzuführen. Bugenhagen arbeitete eine neue Kirchenordnung aus, auf die sich dann im September 1528 Rat und Bürger in voller Einmütigkeit verpflichteten.

Das Land ringsum aber blieb katholisch – dafür sorgte schon Herzog Heinrich der Jüngere als einer der heftigsten Widersacher der neuen Lehre, gegen den Martin Luther dann auch seine deftige Streitschrift „Wider Hans Worst“ gerichtet hat.

Die Stadt Braunschweig schloß die Klöster der Benediktiner, der Franziskaner und der Pauliner. Das Kreuzkloster auf dem Rennelberg wurde evangelisches Jungfrauenstift. Nur die Stifte St. Blasii und St. Cyriaci blieben katholisch. Zur politischen Absicherung trat die Stadt dem Schmalkaldischen Bund bei, einem Zusammenschluß protestantischer Fürsten und Städte unter Führung des Landgrafen

Statue des Reformers Johannes Bugenhagen an der Ostseite der Brüdernkirche

Daten aus der Geschichte

1519 Karl V. wird als Nachfolger des gestorbenen Maximilian I. zum deutschen Kaiser gewählt. Die Fugger finanzieren seine Wahl gegen Franz I. von Frankreich

1521 Martin Luther beginnt seine Bibelübersetzung

Um 1550 in Italien entsteht das Billardspiel

1555 Nostradamus veröffentlicht seine astrologischen Prophezeiungen

Touristische Tips

Die Brüdernkirche, Baubeginn 1343 und geweiht 1362, war die Kirche des Franziskaner-Klosters. In ihr sind ein großer Schnitzaltar, Chorgestühl mit schönem Schnitzwerk und ein Relief des heiligen Franziskus aus dem 15. Jahrhundert zu bewundern. Vor der Kirche an der Ostseite steht das Denkmal des Reformators Johannes Bugenhagen.
Im Bereich der Echternstraße und an der Michaeliskirche ist ein Stück Alt-Braunschweig erhalten geblieben. In St. Michaelis wurde schon vor Einführung der Reformation die Lehre Martin Luthers gepredigt. Der spätere Führer im thüringischen Bauernkrieg, Thomas Münzer, hatte hier über Jahre eine Meßpriesterpfründe am Marienaltar. Ob er allerdings jemals dieses Amt ausgeübt hat, ist nicht mit Sicherheit zu sagen.

Information

Stadtarchiv Braunschweig, Löwenwall 18 B, Tel.: 0531/470-4711

Niedersächsisches Staatsarchiv, Forstweg 2, 38442 Wolfenbüttel, Tel.: 05331/935-0

Philipp von Hessen und des Kurfürsten Johann von Sachsen.

Der Bruch mit Herzog Heinrich dem Jüngeren war vollzogen, der nun die reformierten Städte Braunschweig und Goslar unter massiven Druck setzte. 1542 eilten die Schmalkaldener zu Hilfe. Der Herzog mußte fliehen. Unter Beteiligung der Stadt Braunschweig setzte der Bund eine eigene Landesverwaltung ein und die Reformation nun auch hier durch.

1545 geriet der Herzog in hessische Gefangenschaft, aber mit dem Sieg Kaiser Karl V. bei Mühlberg in Sachsen (1547) und der Gefangennahme der Schmalkaldischen Führer kam Heinrich wieder frei. Er kehrte in sein Land zurück und hob die Reformation da wieder auf, wo er es vermochte.

Also nicht in Braunschweig, in der ihm verhaßten Stadt. Zweimal belagerte er sie vergeblich (1550 und 1553). Durch die Vermittlung u.a. von Kaiser Karl V. kam es im Oktober 1553 zu einem Kompromiß und dem „Frieden von Wolfenbüttel", dem dann 1555 bei einem glanzvollen Neujahrsempfang für den Herzog in Braunschweig die Aussöhnung folgte. Eine teure Sache für beide Seiten, aber Braunschweig bewahrte letztlich seine Unabhängigkeit und mit ihr die Reformation.

Herzog Heinrich der Jüngere darf jedoch nicht nur als ein reaktionärer Feind der neuen Lehre betrachtet werden. Er war ein durchaus tüchtiger Herrscher, förderte die Wirtschaft auch außerhalb der Städte – so den Bergbau im Harz – und gab seinem Land eine moderne Verwaltung. Ein Landesfinanz- und Grundsteuersystem schuf er und brachte so das Herzogtum ein Stück weiter auf dem Weg zu einem modernen Territorialstaat.

Die Kirche St. Michaelis, in der schon früh nach Luthers Lehre gepredigt wurde. In ihr hatte auch der spätere Führer im Bauernkrieg, Thomas Münzer, eine Meßpriesterpfründe (oben)

Weiheschrift von 1379 an der Nordseite von St. Michaelis (rechts)

Herzog Heinrich der Jüngere

Daten aus der Geschichte

Um 1556 In der Frauenmode des Mittelalters fällt der Ausschnitt fort, statt dessen Schulterkragen mit hohem Stehkragen.

1558 Karl V., deutscher König und römischer Kaiser von 1519 bis 1556 aus dem Hause Habsburg, stirbt im Alter von 58 Jahren. Er war ein Gegner der Reformation zugunsten eines einheitlichen Weltreiches

1559 Die anglikanische Staatskirche dominiert in England endgültig über den Katholizismus. Es kommt zu einer Neuordnung des Gottedienstes

Um 1560 Deutsche Studenten in Italien benutzen erstmals Visitenkarten

Bei ihrem eigenen Begräbnis flossen Evas Tränen

Bildschön soll sie gewesen sein, die Eva von Trott, Hofdame bei Herzogin Maria in Wolfenbüttel, der Gemahlin von Herzog Heinrich dem Jüngeren, den das Volk den „wilden Heinz von Wolfenbüttel" nannte.

Eva von Trott entstammte einer hessischen Adelsfamilie. Mit 15 Jahren kam das Edelfräulein an den herzoglichen Hof, um sich in höfischer Lebensart zu üben und „in Zucht und Ehren" der Herzogin Maria, Tochter Heinrich von Württemberg, zu dienen. Aber mit 17 Jahren gebar sie dem „wilden Heinz" einen Sohn. Herzog Heinrich hatte mit seiner Frau Maria bereits sieben Söhne und vier Töchter. Nun aber nahm eine der unglaublichsten Romanzen ihren Lauf, die damals weit über die Grenzen des Herzogtums hinaus die Menschen bewegte.

Alles geschah mit größter Heimlichkeit: Wurde Eva schwanger, äußerte sie den Wunsch, ihre Eltern im Hessischen zu besuchen. In Wahrheit jedoch begab sie sich auf die Stauffenburg in der Nähe von Goslar und brachte dort ihr Kind zur Welt. Anschließend kehrte sie unbefangen nach Wolfenbüttel in das Gefolge der Herzogin Maria zurück. Ihre Kinder wurden auf der Stauffenburg von den Frauen der Burgleute versorgt und aufgezogen.

Aber bald wurde bei Hofe getuschelt und gemunkelt. Auch die Herzogin schöpfte Verdacht. Und so kam es zu einem Plan des Herzogs und seiner Geliebten, der die Romanze zur Farce werden ließ. Am 29. September 1532 bat Eva von Trott Herzogin Maria um Entlassung aus dem Hofdienst. Sie wolle zurück zu ihrer Familie, sagte sie.

Mit Gefolge und in Begleitung von Christoph Schmidt, einem Vertrauten des Herzogs, reiste Eva von Trott ab. In ihrem Gepäck aber befand sich ein geheimnisvoller Koffer. Zuvor nämlich hatte Herzog Heinrich von einem Holzbildhauer in Braunschweig unter strengster Verschwiegenheit eine Maske mit dem Gesicht der schlafenden Eva anfertigen lassen. Die lag nun in jenem Koffer.

Unterwegs begann Eva von Trott zu kränkeln. Als die Reisegesellschaft Gandersheim erreichte, schien es keinerlei Hoffnung mehr zu geben: Die

Die Stauffenburg (in anderer Schreibweise Staufenburg) in einem Stich von Merian (1654)

Eva von Trott

Pest hatte die Hofdame befallen. Drei Tage später teilte der Gandersheimer herzogliche Burgvogt Hans von Scharfenstein den Tod Evas mit und ordnete das feierliche Begräbnis an.

Die Vorbereitungen dazu traf Christoph Schmidt, der Vertraute des Herzogs, allein. Aus Tüchern und Polstern formte er im Sarg einen Körper, legte das holzgeschnitzte Gesicht der Eva von Trott oben hin, bedeckte alles mit Tüllschleiern und grünen Zweigen. In Kupferschalen glühten Holzkohlen, in die zum Schutz gegen die Pest Qualm entwickelnde Wacholderbeeren geworfen wurden. Dazu das dürftige Licht von Fackeln an den Säulen und der Kerzen auf dem Altar: Da war nicht mehr zu erkennen, was wirklich im Sarg lag.

Daß Eva von Trott zwar zu Tränen gerührt, aber sonst bei bester Gesundheit ihre eigene Trauerfeier heimlich vom Dachboden aus durch einen Spalt beobachtet haben soll, wird zuweilen berichtet, läßt sich aber nicht belegen. Unter dem Namen „von Kirchberg“ lebte sie etwa neun Jahre lang auf der Stauffenburg, immer wieder besucht von Herzog Heinrich, dem sie insgesamt 10 Kinder gebar.

Doch auf Dauer ließ sich auch dies nicht vertuschen. Man sprach offen darüber in allen deutschen Gauen. Die Familie von Trott hatte ebenfalls Verdacht geschöpft. Es kam ihr seltsam vor, daß nur ein paar Alltagskleider als Nachlaß Evas heimgeschickt worden waren, aber kein Schmuck und keine kostbaren Gewänder, die eine Hofdame ja wohl gehabt haben mußte. Da bat die Familie sogar den Kaiser um Hilfe.

Heinrich brachte daraufhin Eva von der Stauffenburg fort zur Liebenburg auf dem Höhenzuge von Salzgitter. Was dann weiter geschah, ist unklar. Offensichtlich war sie dort bis 1542. Flüchtete sie dann vor den schmalkaldischen Truppen? Oder hat die Intervention des Kaisers bewirkt, daß sie ihre Familie in Hessen aufsuchte? Eine „Trottin“ tauchte jedenfalls plötzlich in Kassel auf. War es Eva?

Sicher indes ist: Eva starb 1567 in Hildesheim angeblich als Stiftsdame vom Heilig Kreuz. Ein Jahr später starb Herzog Heinrich der Jüngere.

Touristische Tips

Die Ruinen der Stauffenburg sind am besten von der Gemeinde Münchehof (Kreis Goslar) aus zu erreichen, zu welcher der dicht bewaldete Stauffenberg gehört. Reste der ehemaligen Ummauerung, der Wohngebäude und eines Bergfriedes geben auch heute noch einen Eindruck von jener im 12. Jahrhundert begonnenen Anlage.

Von Münchehof aus, läßt sich auch schnell die Stadt Seesen erreichen, die ihr Stadtrecht 1428 erlangte. Sehenswert sind: die Burg Sehusa (16. Jh.), die St.-Andreas-Kirche (1695) mit Barockausstattung und das Heimatmuseum im ehemaligen Jagdschloß (1707). Das Sehusafest jeweils am ersten Wochenende im September ist das größte Historienfest in Norddeutschland . Von Seesen aus ist es nur eine kurze Strecke bis Bad Gandersheim. Die Liebenburg nahe Salzgitter-Bad, 1292 vom Hildesheimer Bischof Siegfried II. gebaut, steht nicht mehr. Statt ihrer entstand 1754/60 ein Barockschloß. Reste der Burg sind aber noch vorhanden. Das Schloß wurde später zum Gerichtsgebäude umgebaut. Heute „residiert“ im Ostflügel des Schlosses der Braunschweiger Maler und Grafiker Gerd Winner.

Information

Tourist-Information Wolfenbüttel,
Stadtmarkt 9, 38300 Wolfenbüttel,
Tel.: 05331/86-487

Tourist-Information Salzgitter,
Vorsalzer Str. 11, 38259 Salzgitter,
Tel.: 05341/393738

Der Weg zur Liebenburg (Lithographie)

Daten aus der Geschichte

1560 Münzreform in England. Das Pfund Sterling wird eingeführt

1564 In Stratford on Avon wird der Dramatiker William Shakespeare geboren

1564 Auf der Frankfurter Messe erscheint der erste Bücherkatalog

1571 Der Komponist und Musiktheoretiker Michael Praetorius (eigentlich M. Schultheiß) wird in Creuzburg bei Eisenach geboren. Von 1594 an wirkte er als Kammerorganist und später als Kapellmeister am Hof in Wolfenbüttel, wo er 1621 starb

Um 1575 Die „Nürnberger Eier" (Taschenuhren) kommen in den Handel

Zur Strafe machte Julius das Bier teuer

Über zwei Dinge ärgerte sich Herzog Heinrich der Jüngere von Braunschweig-Wolfenbüttel maßlos: zum einen, daß es bei den Belagerungen Braunschweigs seiner Artillerie nicht gelungen war, das verhaßte „grüne Feuer", den damals noch hohen und spitzen Turm von St. Andreas, abzuschießen, der für ihn die Überheblichkeit der protestantischen Stadt symbolisierte, und zweitens, daß sein Sohn Julius sein Nachfolger sein würde. Von Heinrichs sieben (legitimen) Söhnen waren vier gestorben, zwei fielen in der Schlacht bei Sievershausen (1553). So blieb nur noch Julius, und der war bereits zum Luthertum übergetreten, was ihm den Haß seines Vaters eingetragen hatte.

Sofort mit seinem Regierungsantritt nach dem Tod Heinrich des Jüngeren (1568) führte Julius im gesamten Herzogtum die Reformation ein. Zur Ausbildung künftiger evangelischer Theologen errichtete er Klosterschulen. In Gandersheim gründete Herzog Julius 1570/71 das „Paedagogium illustre" zur Vertiefung des in den Schulen erworbenen theologischen Wissens. 1574 verlegte er das Paedagogium nach Helmstedt und ließ es 1576 mit erweitertem Lehrangebot zur Universität Helmstedt, der „Academia Julia", erheben.

Sie war als evangelische Uni seinerzeit die wichtigste Ausbildungstätte für Theologen, Juristen, Lehrer, Beamte und Mediziner. 1810 wurde sie von Jérome, dem Bruder Napoleons und Herrscher im Königreich Westphalen, aufgelöst.

Sieht man von der Einführung der Reformation ab, betrieb Herzog Julius weitgehend die Politik seines Vaters, allerdings mit friedlicheren Mitteln. Auch er wollte sein Land zu einem modernen Territorialstaat machen und setzte sich dabei über manche Interessen der Stände hinweg.

Den Unfrieden mit der Stadt Braunschweig hatte Heinrich seinem Sohn Julius vererbt. Die Stadt verweigerte dem neuen Herzog die Huldigung, sofern nicht alle Pressionen Heinrichs rückgängig gemacht und alle beim Reichsgericht schwebenden Prozesse niedergeschlagen würden. Der Herzog andererseits forderte u.a. die Rückgabe der im Besitz der Stadt befindlichen Pfandschaften. Gegenseitige Zugeständnisse führten 1569 doch noch zu einem Huldigungsvertrag, der aber auch Kurioses enthielt, nämlich dem Herzog zu gestatten, zu jeder Zeit außer bei Nacht und nicht mit „übermäßigem Gefolge" in die Stadt einzureiten.

Aber es gab neuen Zwist. Herzog

Das Juleum, Aula-Gebäude der von Herzog Julius in Helmstedt gegründeten Universität, ist ein Prunkstück deutscher Renaissancebaukunst

Herzog Heinrich der Jüngere und später sein Sohn Herzog Julius förderten den Bergbau im Harz. Ein Besuch in den zu Museen gemachten Bergwerken lohnt sich. Das Bergbaumuseum Rammelsberg bei Goslar wurde von der Unesco als „Weltkulturerbe der Menschheit" ausgezeichnet

Julius pflegte Braunschweig seine „Erb- und Landstadt" zu nennen, wogegen sich die freien Bürger energisch verwahrten. Julius seinerseits war erbost, weil die Braunschweiger beim Neubau der Stadttore statt des herzoglichen Wappens den Stadtlöwen anbrachten. Zur Strafe legte der Landesherr einen hohen Zoll unter anderem auf das städtische Bier und erschwerte die Warenzufuhr in die Stadt.

Herzog Julius setzte auch das Vorhaben seines Vaters fort, Wolfenbüttel zu einer planmäßig angelegten Renaissancestadt zu machen. Das Ziel, seine Residenz als wirtschaftliches Zentrum des Herzogtums zu etablieren, erreichte er allerdings nicht. Dazu waren die traditionellen Handelsbeziehungen Braunschweigs zu stark.

Die Braunschweiger waren über die Maßnahmen des Herzogs dermaßen verärgert, daß sie, als Julius die durch Feuer zerstörte Burg Dankwarderode wiederaufbauen wollte, erklärten, sie wollten „lieber den Türken in der Stadt haben als einen Herzog von Braunschweig".

Trotz aller Querelen: Im Grunde ging es Herzog Julius um die wirtschaftliche Gesundung seines Landes. Er intensivierte den schon von seinem Vater geförderten Bergbau im Harz, indem er als erster geologische Untersuchungen vornehmen ließ. Effektivere Methoden bei der Metallgewinnung regte er an, erschloß Steinbrüche in Asse, Elm und Harz, gründete Eisenbergwerke bei Gittelde und Osterode, eine Messinghütte bei Bündheim und die Salzwerke Liebenhall und Juliushall bei Harzburg. Die Schiffbarmachung der Oker betrieb er streckenweise und ließ neue Verkehrswege anlegen.

Das und äußerste Sparsamkeit führten dazu, daß sämtliche Schulden des Landes getilgt wurden und daß Herzog Julius bei seinem Tode im Mai 1589 einen Barbestand von 700 000 Talern in der Landeskasse hinterließ.

Touristische Tips

Das Juleum, Aula- und Auditoriumsgebäude der früheren Universität Helmstedt, ist eines der wichtigsten Beispiele deutscher Renaissancebaukunst, geschaffen von Landesbaumeister Paul Francke. Im Keller ist das Heimatmuseum untergebracht. Noch von der alten Stadtbefestigung stammt der Hausmannsturm in Helmstedts City. Das ehemalige Nonnenkloster St. Marienberg besitzt eine kostbare Sammlung von Paramenten aus der Zeit des 13. bis 15. Jahrhunderts. Dicht bei Helmstedt liegen die Ausflugsgebiete Elm und Lappwald.

Im Harz gibt es eine ganze Anzahl von Museen und auch stillgelegte Bergwerksstollen, in denen Besucher Beispiele des traditionellen Bergbaus besichtigen können.

Information

Tourist-Information Wolfenbüttel, Stadtmarkt 9, 38300 Wolfenbüttel, Tel.: 05331/86-487

Harzer Verkehrsverband, Marktstr. 45, 38640 Goslar, Tel.: 05321/34040

Verkehrsverein Helmstedt, Markt 1, 38350 Helmstedt, Tel.: 05351/17-333

Herzog Heinrich Julius

Dem Säugling das Schwert auf die Brust

„Du saßt nu myn leeve soen syn!“ So soll der greise Herzog Heinrich der Jüngere an der Wiege seines Enkels Heinrich Julius gesagt und sogar sein Schwert dem Neugeborenen auf die Brust gelegt haben. In der Tat hätte Großvater Heinrich an seinem Enkel später mehr Freude gehabt, als er je über seinen gehbehinderten Sohn Julius, der noch dazu Lutheraner war, empfunden hat. Heinrich Julius nämlich nahm später als Herzog den Kampf Heinrich des Jüngeren gegen die Stadt Braunschweig wieder auf. Wie der Großvater hatte allerdings auch er wenig Erfolg.

Julius war 1558 vor dem Zorn seines Vaters Heinrich geflohen. Anlaß war angeblich seine standhafte Weigerung gewesen, zum Osterfest an der katholischen Abendmahlfeier teilzunehmen. 1560 heiratete er Hedwig, Tochter des Kurfürsten Joachim II. von Brandenburg. Auf Schloß Hessen (heute Sachsen-Anhalt) wurde am 15. Oktober 1564 Heinrich Julius geboren.

Heinrich Julius war ein brillanter Kopf. Hervorragend erzogen und wissenschaftlich ausgebildet, hielt er bereits mit zwölf Jahren zur Eröffnung der Helmstedter Universität als deren Rektor eine zwei Stunden lange Rede in lateinischer Sprache. Mit 14 Jahren übernahm er die Verwaltung des Bistums Halberstadt. 1590, nach dem frühen Tod seiner ersten Frau Dorothea von Sachsen, heiratete er Elisabeth, Tochter des Königs Friedrich II. von Dänemark.

Heinrich Julius, der von 1589 bis zu seinem Tod (1613) regierte, war einer der bedeutendsten Juristen und wurde 1607 als Berater von Kaiser Rudolf II. an den kaiserlichen Hof in Prag berufen. Jahre vorher aber hatte er seine Residenzstadt Wolfenbüttel zu einem Zentrum geistigen Lebens gemacht und so die Grundlage für den hohen Rang geschaffen, den die Stadt

Daten aus der Geschichte

1589/92 Dem Haus der Gilde der Gewandschneider in Braunschweigs Altstadt werden prunkvolle Giebel vorgesetzt. Das Gewandhaus am Altstadtmarkt (jetzt Sitz der Industrie- und Handelskammer Braunschweig) fehlt heutzutage bei keiner Stadtführung

1607 Gründung der ersten englischen Kolonie in Amerika (Virginia). Eine erste Siedlung war bereits 1584 durch Walter Raleigh angelegt worden

1610 Galileo Galilei verwendet das Fernrohr erstmalig für astronomische Beobachtungen und entdeckt unter anderem die Jupitermonde, die Venusphasen, die Mondgebirge und Sonnenflecken

Um 1610 Das Feuersteinschloß an Handfeuerwaffen kommt auf.

Grüne Idylle am Stadtgraben im Wolfenbüttel von heute. Im Hintergrund der Wasserturm

Das Zeughaus am Schloßplatz von Wolfenbüttel, gebaut in den Jahren 1613–1617 von dem Herzoglichen Baumeister Paul Francke, gehört heute zur Herzog August Bibliothek

in der deutschen Kulturgeschichte als Hort der Künste und der Wissenschaften lange Jahre einnehmen sollte. Er gründete im Wolfenbütteler Schloß das erste ständige Theater Deutschlands. Für dieses engagierte er ein Ensemble englischer Berufsschauspieler. Heinrich Julius schrieb selbst neben anderem eine Reihe von Charakterkomödien und bediente sich als einer der ersten der deutschen Prosa unter Einfluß von Dialekten. Er berief ferner Michael Praetorius, den seinerzeit bedeutendsten Komponisten evangelischer Kirchenmusik und berühmten Musiktheoretiker, als Organisten und Kapellmeister an seinen Hof.

Einen Ausbau der Stadt hatte bereits Heinrich der Jüngere betrieben. Sohn Julius nannte dessen „Neustadt" später zu Ehren des Vaters „Heinrichstadt" und fügte weitere Siedlungsbereiche hinzu. Aus Wolfenbüttel machte er zudem eine der frühesten Festungen im Bastionärsystem. Dessen Sohn nun, Herzog Heinrich Julius, gestaltete den Stadtplan großzügig um. Es entstanden so eindrucksvolle Bauten wie die Hauptkirche Beatae Mariae Virginis (etwa 1607 bis 1626) des Baumeisters Paul Francke, das Zeughaus und die Neugestaltung des großen Schloßturms.

In Helmstedt ließ Heinrich Julius durch Paul Francke für die Universität prunkvolle Bauten errichten. Auch die erste deutsche Zeitung „Aviso" wurde in Wolfenbüttel 1609 gedruckt.

1608 begann der Bau der Marienkirche in Wolfenbüttel (Beatae Mariae Virginis). Sie ist der erste große protestantische Kirchenbau nach der Reformation

Gelehrt und sonst so aufgeklärt, war Herzog Heinrich Julius doch ein Kind seiner Zeit. Das bedeutete: Teufel und Hexen waren auch für ihn Realität. Während seiner Regierungszeit wurden wegen Hexerei und Zauberei mehr Menschen hingerichtet als unter Julius und Großvater Heinrich dem Jüngeren. Gutachten bei den Hexenprozessen lieferten die juristischen Kapazitäten der Universität Helmstedt. Die Richtstätte befand sich neben der alten Heerstraße von Wolfenbüttel nach Stöckheim und weiter nach Braunschweig am „Lechel Holtze", dem heutigen Lechlumer Holz. Ein Gedenkstein erinnert jetzt daran.

Eine aufwendige Hofhaltung, glanzvolle Feste, Theater, kunstvolle Bauten – das verschlang Unsummen. Hinzu kamen kostspielige Prozesse um vom Herzog vereinnahmte Gebiete und wegen Mißachtung ständischer Privilegien durch den Herzog.

So verschwand sehr bald die Hinterlassenschaft des Herzogs Julius von 700 000 Talern – andere Berichte sprechen von neun Tonnen Gold –, und Herzog Julius war im Grunde pleite.

Touristische Tips

Wolfenbüttel – im Zweiten Weltkrieg nicht zerstört – ist reich an historischen Stätten und besitzt eine attraktive City mit vielen alten und sorgsam restaurierten Fachwerkhäusern. Die Marienkirche, das Schloß, die später entstandene Herzog August Bibliothek und das ehemalige Zeughaus sind Anlaufstellen bei jedem Stadtrundgang. An mehreren Stellen ist noch die alte Stadtbefestigung erkennbar. In unregelmäßigen Abständen gibt es dort Führungen. Die Festungswälle wurden später – ähnlich wie in Braunschweig – zum Teil zu parkähnlichen Anlagen umgestaltet.

Information

Niedersächsisches Staatsarchiv, Forstweg 2, 38442 Wolfenbüttel, Tel.: 05331/935-0

Tourist-Information Wolfenbüttel, Stadtmarkt 9, 38300 Wolfenbüttel, Tel.: 05331/86-487

Festung Braunschweig nicht zu knacken

Daten aus der Geschichte

Um 1613 William Shakespeare schreibt sein Schauspiel „Heinrich VIII.“; das Globe-Theater in London brennt bei der Uraufführung ab

1614 Die erste Logarithmentafel wird von dem schottischen Mathematiker John Napier (Neper), Lord of Merchiston, entwickelt

1618 Beginn des 30jährigen Krieges

1619 Das erste Parlament auf nordamerikanischen Boden entsteht in Virginia

Herzog Heinrich Julius rüstete gegen die Stadt Braunschweig, die ihm nach wie vor die Huldigung verweigerte. Er belegte Waren aus dem Herzogtum mit Zoll und kassierte kräftig für Metalltransporte, die aus dem Harz durch die Stadt hindurchgeführt wurden. Dem herrischen Fürsten begegnete die Stadt nur mit Mißachtung oder gar Spott.

Zunächst kam es zu Geplänkel. Der Herzog versuchte, die Bürger durch Ächtung für vogelfrei zu erklären und den auswärtigen Handel mit der Stadt durch Blockieren der Landstraßen zu unterbinden. Daraufhin überfielen und verwüsteten die städtischen Söldner die herzoglichen Dörfer im Umland.

Am 16. Oktober 1605 war es dann soweit: Zwei Kutschen und zwölf mit Planen bedeckte Frachtwagen hielten gegen vier Uhr nachmittags vor dem Aegidientor. Die angeblichen Kaufleute – Offiziere des Herzogs – und ihre in den Frachtwagen versteckt gehaltenen Soldaten überrumpelten die Torwache und besetzten Magni- und Aegidientorwall. Den Braunschweiger Bürgerwehren gelang es aber am nächsten Tag, die inzwischen verstärkten herzoglichen Truppen zurückzutreiben.

Zur Erinnerung an die Beschießung Braunschweigs im Jahre 1615 festgemauert und noch heute zu sehen: eine Kanonenkugel im Mauerwerk des Domes

16 000 Mann Fußvolk und 1 500 Reiter soll Herzog Heinrich Julius für den Feldzug angeworben haben. Mit diesem Heer ging er jetzt zur Belagerung der Stadt über. Bei Ölper ließ er einen Damm errichten, um so die Oker aufzustauen. Bald standen der Hagenmarkt und die umliegenden Straßen unter Wasser, und die Mühlen konnten nicht mehr mahlen. Doch bevor das Mehl in der Stadt knapp wurde, brach der Damm. Als dann im Jahre 1606 hansische Entsatztruppen unter dem Obersten Heinrich Quandt eintrafen, gab Herzog Heinrich Julius die Belagerung auf.

Immerhin erreichte er dann doch noch, daß die unbotmäßige Stadt der kaiserlichen Acht verfiel. Die aber blieb ebenso wie eine zweite Ächtung fünf Jahre später ohne große Wirkung.

Was dem Vater nicht gelungen war, das erreichte der Sohn und Nachfolger Friedrich Ulrich schon mal gar nicht. Von 1613 bis zu seinem Tod (1634) auf dem Thron, gilt er in der Geschichtsschreibung als der unfähigste aller regierenden Welfenfürsten. Mit 22 Jahren übernahm er die Regierung und war völlig überfordert.

Die nach neuerlichem Verfassungsstreit innerlich geschwächte Stadt Braunschweig wäre zu einem Ausgleich mit dem neuen Landesherren durchaus bereit gewesen, Verhandlungen aber scheiterten an dessen harten Bedingungen. Der Herzog forderte 200 000 Taler Schadenersatz für Übergriffe Braunschweiger Söldner, 20 000 Taler jährlichen Tribut und schließlich die Öffnung der Stadtbefestigung. Die Stadt bot ihrerseits dem Fürsten ein „Ehrengeschenk“ von

Die Magnikirche mit ihren ungleichen Türmen

Touristische Tips

Das Aegidientor, durch das herzogliche Soldaten 1605 mit einer Kriegslist in die Stadt eindrangen, wurde bereits 1728 geschlossen und durch das etwas weiter westlich gelegene Augusttor ersetzt. Auch dieses gibt es nicht mehr. In seinem Bereich entstand nach dem Zweiten Weltkrieg der John-F.-Kennedy-Platz, ein weiträumiger Verkehrsknotenpunkt. Ganz in der Nähe aber ist das Magniviertel mit der Magnikirche, deren Türme seit der Beschießung 1615 unterschiedlich hoch geblieben sind.
Ein Überbleibsel jener Beschießung ist auch eine Kanonenkugel im Mauerwerk des Domes zur Münzstraße hin. Zur Erinnerung wurde sie an ihrer Einschlagstelle festgemauert und mit Jahreszahl versehen.
Waffen aus jener Zeit – Feuerwaffen, Hieb- und Stichwaffen, Rüstungen und Steinkugeln für Geschütze – sind im Städtischen Museum zu besichtigen.

Information

Städtisches Museum Braunschweig, Am Löwenwall, 38100 Braunschweig, Tel.: 0531/4704508

Niedersächsisches Staatsarchiv, Forstweg 2, 38442 Wolfenbüttel, Tel.: 05331/935-0

Landesmuseum Braunschweig, Burgplatz 1, 38100 Braunschweig, Tel.: 0531/484-2602

100 000 Talern sowie den ungehinderten Eintritt bei Tag und Nacht in die Stadt. Mehr nicht. Daraufhin begann Friedrich Ulrich den Feldzug.
Braunschweig erlebte über drei Monate die härteste Belagerung seiner Geschichte. Einem heftigen Bombardement war die Stadt ausgesetzt, das erhebliche Schäden verursachte und dem auch der Nordturm der Magnikirche zum Opfer fiel. Angriffe auf die Festungswälle und Gegenstöße der Braunschweiger wechselten einander ab.
Diesmal griffen sogar die Frauen in die Kämpfe ein. Vom Wall am Magnitor wird berichtet, daß trotz des schweren Beschusses Frauen in ihren Schürzen Steine an die Brustwehr schleppten und auf die anstürmenden feindlichen Truppen hinunterwarfen. In die Geschichte der Stadt ging dabei die 34 Jahre alte Gesche Meiburg ein. Sie soll sich sogar „mit Muskete, Schwert und Streithammer" am Kampf beteiligt und so manchen Feind getötet oder verwundet haben.
Als schließlich hansisch-niederländische Truppen unter Graf Friedrich von Solms zum Entsatz der Stadt eintrafen, brach Herzog Friedrich Ulrich die Belagerung ab. Im Frieden von Steterburg (1615) mußte er die Landesacht gegen die Stadt zurücknehmen, alle ihr genommenen Güter und Einnahmen gegen die Stadt zurückerstatten und 100 000 Rheinische Gulden Entschädigung zahlen.
1616 dann erfolgte die Huldigung in der alten Form. Braunschweig behielt seine unabhängige Stellung innerhalb des Herzogtums.

Die streitbare Gesche Meiburg in einer alten Darstellung

Daten aus der Geschichte

1620 Gründung der nordamerikanischen Kolonie Neu-England durch puritanische Pilger (ausgewandert auf der „Mayflower")

1622 Geburt des französischen Komödiendichters Jean Baptiste Poquelin, genannt Molière

1623 Erste Folio-Gesamtausgabe von Shakespeares Werken erscheint

1625 Pest in der Stadt Braunschweig; etwa 3 000 Menschen sterben.

1626–1644 Der Wolfenbütteler Hof residiert wegen der Besetzung seiner Stadt – erst durch die Dänen, dann durch die Kaiserlichen – in der Stadt Braunschweig (die Herzöge Friedrich Ulrich und dann August der Jüngere).

1640 Schutzbrief des Kaisers Ferdinand III. gegen Pfändung von Waren und Vermögen Braunschweiger Bürger im Reich

1640 Herzog August der Jüngere läßt in Braunschweig die Burg Dankwarderode in Renaissanceform umbauen

Bücher – das „achte Weltwunder"

„...Ich kann diese acht Tage zu den glücklichsten meines Lebens zählen, denn ich war nicht einen Augenblick mit mir selber beschäftigt ..." So berichtet Giacomo Casanova in seiner Lebensgeschichte über den Besuch in Wolfenbüttel anno 1764. Es geht dabei nicht um Amouren, sondern diese acht Tage hatte Casanova in der Wolfenbütteler Bibliothek verbracht, in der weltberühmten Büchersammlung von Herzog August dem Jüngeren (1579–1666).

Der Dreißigjährige Krieg (1618–1648) hatte auch dem Fürstentum Braunschweig-Wolfenbüttel schweren Schaden gebracht. Herzog Friedrich Ulrich betrieb eine äußerst schwankende Politik. Mehrfach wechselte er die Seiten. Als er 1634 im Alter von 43 Jahren starb, war seine Residenz Wolfenbüttel von kaiserlichen Truppen besetzt. Die Stadt Braunschweig kam glimpflicher davon, aber sie mußte Unsummen aufbringen, um Besetzungen und Beschlagnahmen abzuwenden.

Durch den Tod von Friedrich Ulrich war das Mittlere Haus Braunschweig erloschen. August der Jüngere aus der Dannenberger Nebenlinie der Welfen trat 1635 die Nachfolge an. Erst Anfang 1644 jedoch konnte er in seine von kaiserlichen Truppen geräumte Residenz übersiedeln, nachdem er 1642 einen Separatfrieden zwischen Welfen und dem Kaiser hatte erreichen können.

Er baute die verwüstete Stadt wieder auf und veranlaßte sogar eine Art Arbeitsbeschaffungsprogramm, indem er eine neue Vorstadt anlegen ließ, die Auguststadt. Die Verwaltung organisierte er neu und führte neben anderem eine allgemeine Schulpflicht ein, die nun auch für die ländlichen Gebiete galt. Vor allem aber brachte er seine Bücher mit: 60 000 Schriften. Als er 1666 im Alter von 87 Jahren starb, waren es 135 000 Titel. Seine Bibliothek galt da als das „achte Weltwunder".

August der Jüngere hatte schon in jungen Jahren in seiner Residenz Hitzacker mit dem Sammeln von Büchern begonnen. Er war als einer der gebildetsten Fürsten seiner Zeit anerkannt. Lange war er auch sein eigener Bibliothekar, schuf in Wolfenbüttel den mehrbändigen Katalog und führte ihn weiter. Für diesen Katalog ließ er eigens ein „Bücherrad" bauen, das noch heute zu bewundern ist. Auch Beschriftungen und Signaturen stammen zum Teil von seiner Hand.

Der „Fruchtbringenden Gesellschaft", der bedeutendsten deutschen Sprachgesellschaft, gehörte der Herzog unter dem Namen „der Befreyende" seit 1632 an und trat auch als Autor hervor. Er verfaßte unter anderem ein Buch über die Theorie des Schachspiels und eines über Geheimschriften.

Mehr nachdenklich als kriegerisch: Herzog August der Jüngere, Denkmal auf dem Stadtmarkt in Wolfenbüttel

Die Augusteerhalle in der Herzog August Bibliothek (links)

Eine Seite aus dem Evangeliar Heinrich des Löwen. Das mit 32,5 Millionen DM Ersteigerungsbetrag teuerste Buch der Welt ist in der Herzog August Bibliothek untergebracht (rechts)

Den Ruf der Wolfenbütteler Bibliothek, die heute als Herzog August Bibliothek den Namen ihres Begründers trägt, mehrten später zwei bedeutende Persönlichkeiten: Gottfried Wilhelm Leibnitz, der letzte Universalgelehrte, betreute sie von 1691 bis zu seinem Tod (1716) von Hannover aus, wo er gleichzeitig Hofbibliothekar war, und Gotthold Ephraim Lessing, der 1770 als herzoglicher Bibliothekar seinen Einzug hielt. Wolfenbüttel wurde durch ihn zu einem Zentrum der Aufklärung in Deutschland.

Leibnitz bracht die Idee für den ersten selbständigen profanen Bibliotheksbau in Europa ein: für die Wolfenbütteler Rotunde. Das als architektonische Neuerung gerühmte Gebäude des Baumeisters Hermann Korb, gebaut 1706 bis 1712, wurde 1887 durch einen Bau im wilhelminischen Stil ersetzt. Heute besteht das Bibliotheksquartier aus mehreren Gebäuden. Sie beherbergen einen Bestand von ca. 810 000 Bänden, darunter ca. 415 000 Drucke aus der Zeit vor 1850 und 3 500 Inkunabeln, ferner 12 000 Handschriften, 20 000 Karten und Atlanten und eine bedeutende Musiksammlung. Auch das für 32,5 Millionen D-Mark ersteigerte teuerste Buch der Welt, das Evangeliar Heinrich des Löwen, ist hier untergebracht. Das im Auftrag jenes Herzogs 1188 im Kloster Helmarshausen entstandene Buch gehört zu den kostbarsten illuminierten Handschriften des Mittelalters überhaupt. Noch jung ist die Malerbuchsammlung. Sie entstand 1955 und umfaßt derzeit 950 Bände, in denen die bedeutendsten Künstler der Zeit vertreten sind. In einem Malerbuch wirken dichterischer Text, Typographie und künstlerische Originalgraphik gleichberechtigt zusammen.

Touristische Tips

Die Herzog August Bibliothek ist eine Quellensammlung zur europäischen Buchgeschichte vom Ausgang der Antike bis zur Gegenwart. Untergebracht ist sie in mehreren Gebäuden, die alle nahe beieinander in der Innenstadt liegen und gut zu Fuß erreichbar sind. Natürlich braucht man Zeit zur Besichtigung. Ausgangspunkt sollte das alte Haus Bibliotheca Augusta sein, wo der Besucher auch die nötigen Informationen bekommen kann. Die musealen Räume sind von Dienstag bis Sonntag jeweils 10–17 Uhr geöffnet.

Information

Herzog August Bibliothek, Lessingplatz 1, 38299 Wolfenbüttel, Tel.: 05331/8080

Daten aus der Geschichte

1650 Die erste Ausgabe des „Braunschweiger Kalenders“ erscheint, der als „Braunschweigischer Kalender“ auch heute noch jährlich vom Verlag Joh. Heinr. Meyer herausgegeben wird

1657 Die Pest fordert in Braunschweig mehr als 5 400 Tote.

1667 Der englische Schriftsteller Jonathan Swift („Gullivers Reisen“ u.a.) wird geboren

1668 und **1669** finden in Lübeck die letzten Hansetage statt. Nur noch sechs Städte nehmen daran teil, darunter auch Braunschweig

Um 1669 Stradivari baut in Cremona seine Meistergeigen

1671 Der Graue Hof, ursprünglich städtischer Hof der Zisterzienser von Riddagshausen, wird herzogliches Quartier bei Besuchen in Braunschweig

1671 Gründung der jüdischen Gemeinde in Berlin mit kurfürstlichem Privileg

1672 Newton zerlegt das Sonnenlicht mit einem Prisma in die Spektralfarben

1673 Der französische Komödiendichter Molière stirbt kurz nach seiner schauspielerischen Darstellung der Rolle des „eingebildeten Kranken“

1675 Olaf Römer bestimmt aus der Verfinsterung der Jupitermonde erstmals die Lichtgeschwindigkeit (300 000 km/Sek.)

Ein Traum ist ausgeträumt

Genau am 10. Juni 1671 war Braunschweigs Traum von Selbständigkeit und Bürgerfreiheit ausgeträumt. Im Laufe der Jahrhunderte oftmals belagert, aber nie erobert, mußte die Stadt jetzt ein Abkommen mit dem Herzog schließen, das praktisch die Unterwerfung bedeutete, denn alle ihr zunächst gemachten Zugeständnisse und eingeräumten Rechte vergaß Rudolf August sehr bald wieder.

Nach dem Tode von Herzog August dem Jüngeren 1666 war dessen ältester Sohn Rudolf August auf den Thron gekommen. Schon ein Jahr später berief dieser seinen ihm geistig überlegenen Bruder Anton Ulrich als Statthalter an seine Seite und machte ihn 1685 sogar zum Mitregenten. Zunehmend überließ er ihm dann die Regierungsgeschäfte, während er selbst theologischen Studien nachging. Von 1704 an, nach dem Tod seines Bruders, regierte Anton Ulrich allein.

Zunächst aber ging es – wie eigentlich fast immer in Braunschweig bei einem Fürstenwechsel – um die Weigerung der Stadt, Rudolf August als Landesherren die Huldigung zu leisten. Vor allem war es die herzogliche Militärbesatzung, die aufzunehmen sich die Stadt weigerte.

Rudolf August als absolutistischer Fürst wollte endlich klare Verhältnisse. Es gelang ihm, seine Vettern, die Fürsten von Lüneburg (Celle) und von Calenberg (Hannover), zu Verbündeten gegen Braunschweig zu gewinnen. Und so rückte die vereinigte Welfenmacht Mitte Mai 1671 gegen die Stadt vor.

Die befand sich zu jener Zeit in einem desolaten Zustand. Mochten manche Kaufherren reich und mächtig sein, die Kasse der Stadt war leer. Handel und Gewerbe stagnierten. Gegen den Rat hatte sich eine starke Opposition gebildet. Das alles lähmte den Verteidigungswillen. Viele Bürger waren zudem der ständigen Querelen müde und wollten die Aussöhnung mit dem Landesherren.

20 000 Mann unter dem Oberbefehl des lüneburgischen Feldmarschalls Graf von Waldeck, zogen gegen die Stadt und schlossen sie ein. Dem hatten die Braunschweiger etwa 3 000 Mann (darunter nur 220 Söldner) entgegenzustellen. Allerdings verfügte die Stadt über 137 Kanonen gegen nur 70 und neun Mörser der Herzoglichen. Aber ein mehrtägiges Artillerieduell brachte nichts ein.

Hilfe von außen war nicht zu erwarten, denn die Hanse, oft genug letzte Rettung, war nach dem Dreißigjährigen Krieg nahezu bedeutungslos geworden. So ergab sich die Stadt schließlich, nachdem der Herzog einen Huldigungskompromiß abgelehnt hatte. Am 13. Juni marschierte Generalmajor von Stauff mit seinem Regiment in Braunschweig ein. Nach einer großen Parade aller welfischen Truppen draußen vor den Toren folgten am nächsten Tag weitere fünf Regimenter.

Herzog Rudolf August hatte sich schon vorher mit seinen Vettern den alleinigen Besitz der Stadt Braunschweig mit den Stiften St. Blasii und St. Cyriaki und dem Kloster Walkenried ausgehandelt. Dafür erhielt der Lüneburger Georg Wilhelm mit Dannenberg, Hitzacker u.a. die Stamm-

lande von Herzog August d.J., und der Calenberger Johann Friedrich von Hannover kassierte den Kirchenschatz von St. Blasien (Welfenschatz), dessen größter Teil noch von Heinrich dem Löwen stammte.
Rigoros griff Rudolf August in Braunschweig durch. Die Stadt verlor, entgegen früheren Zusicherungen des Herzogs, ihr gesamtes Vermögen, insbesondere ihren Grundbesitz und ihre Einnahmen. Die Landesregierung übernahm dafür die Tilgung der städtischen Schulden. Allerdings sehr schleppend, und das stellte nach außen hin die Kreditwürdigkeit der städtischen Wirtschaft in Frage. Monatliche Zahlungen von zunächst 3000 und später 4000 Reichstalern hatte die Stadt aufzubringen. Dazu kamen Kornlieferungen, Kosten für das Militär und die Bereitstellung eines Kommandantenhauses auf dem Bohlweg. Waffen und Munition wurden beschlagnahmt, was begreiflich ist, aber auch das Ratssilber.
Der Gemeine Rat wie auch die Weichbildräte wurden abgeschafft. Ein gänzlich vom Landesherren abhängiger kleinerer Rat, auf Lebenszeit gewählt, trat an deren Stelle, blieb aber zunächst bedeutungslos, denn alle wesentlichen Verwaltungsaufgaben nahm eine fürstliche Kommission wahr. Die freien Bürger Braunschweigs waren zu Untertanen geworden.

Touristische Tips

In Braunschweigs Innenstadt finden sich noch einige wenige Häuser aus der Zeit um 1671 und früher, so im Magniviertel, bei St. Aegidien und am Damm. Die meisten aber sind – so sie nicht der Stadterneuerung in der Ära der Industrialisierung und auch früher zum Opfer gefallen sind – während des Zweiten Weltkriegs bei Luftangriffen zerstört worden. Steintor und Fallersleber Tor, durch die des Herzogs Truppen in die Stadt eingezogen sind, haben nur noch ihre Namen, sind aber schon zu Beginn des 19. Jahrhunderts beim Abriß der Stadtbefestigung neu gestaltet worden und heute als Tore nicht mehr erkennbar. Kriegsgerät und Gebrauchsgegenstände aus jener Zeit sowie historische Darstellungen finden sich im Städtischen Museum (Löwenwall und Altstadtmarkt) und im Landesmuseum.

Information

Stadtbibliothek Braunschweig, Steintorwall 15, 38100 Braunschweig, Tel.: 0531/470-4601

Niedersächsisches Staatsarchiv, Forstweg 2, 38442 Wolfenbüttel, Tel.: 05331/935-0

Eroberung Braunschweigs im Jahre 1671, Blick von Westen. Kupferstich eines unbekannten Meisters

Daten aus der Geschichte

1677 Gründung der vom Fürsten privilegierten Hagenmarktapotheke, die es noch heute gibt. Seit 1479 bereits bestand am Eiermarkt die Ratsapotheke. Sie war eine in Hansestädten übliche kommunale Einrichtung, die auf Rechnung des Stadtrates von einem geprüften Apotheker als Pächter betrieben wurde

1680 Einführung des Balletts in Deutschland (aus Frankreich)

1681 Franzosen besiedeln in Amerika Louisiana am Mississippi

1682 Der Quäker William Penn gründet in Nordamerika die religiös tolerante und indianerfreundliche Kolonie Pennsylvania

Um 1683 Entstehung der Wiener Kaffeehäuser

Touristische Tips

Das Braunschweiger Messegelände war auf dem Gebiet des Weichbildes (Siedlung) Altstadt. Hier hatten sich weit früher am Kreuzungspunkt der Fernwege vom Süden nach Norden und von West noch Ost die ersten Kaufleute niedergelassen. Im Mittelalter dann fanden hier die offiziellen Markttage statt. Und Wochenmarkt ist dort auch heute noch, jedenfalls auf dem Altstadtmarkt (mittwochs und samstags bis 13 Uhr). Der Kohlmarkt bleibt dagegen Sonderveranstaltungen vorbehalten, wie zum Beispiel der Kleinkunstwoche, dem Weinfest oder den Treffen von Chören und Volkstanzgruppen.
Die alten Messebauten sind längst verschwunden, vom restaurierten Altstadtrathaus mit seinen Laubengängen abgesehen.
Während des Zweiten Weltkrieges wurde die Braunschweiger Innenstadt zu 90% zerstört. Beim Wiederaufbau haben aber manche der in vorsichtiger Anlehnung an das Original neu errichteten Häuser wieder Kolonnaden erhalten oder aber stattdessen Rundbogenschaufenster, so das Stechinellihaus an der Ecke Breite Straße/Altstadtmarkt.
Ein Rundgang lohnt in jedem Fall. Dabei sollte die schmale Fußgängergasse „Handelsweg" nicht vergessen werden. Sie gehörte zum Messebetrieb. Heute sind in ihr überwiegend Kneipen und Antiquitätenläden angesiedelt.

„Sonderangebote" lockten die Händler an

Wenn nichts läuft, kann auch ein Herzog nicht kassieren. Das mußten Rudolf August und sein Bruder Anton Ulrich, als dessen Statthalter, sehr bald erkennen. In der Stadt Braunschweig nämlich lief wirtschaftlich zunächst nichts oder nur sehr wenig. Das autoritäre System des barocken Fürstentums, in dem es nur Untertanen gab, weil alle staatliche Gewalt in der Person des Landesherren verkörpert war, ließ Ideen kreativer Bürger und wagemutigen Unternehmungen von Kaufleuten hansischer Prägung keinen Raum.

Erst 1681, also zehn Jahre nach Übernahme der Stadt, verfügte Herzog Rudolf August als wirtschaftliche Förderungsmaßnahme die Einrichtung von jährlich zwei Warenmessen: eine Sommermesse vom 10. August an und eine Wintermesse ab 2. Februar. Sie sollten die Steuerkraft der Bürger heben und somit natürlich auch die Kassen des Fürsten füllen. Die Messen dauerten zunächst zehn und später 18 Tage. Und damit ging's bergauf. Das Messegelände erstreckte sich vor allem um Altstadt- und Kohlmarkt sowie über zahlreiche benachbarte Straßen. Auf Veranlassung des Herzogs wurden in Häuser Messegewölbe eingebaut mit Laubengängen davor. Dort und in unzählige Buden zogen die Händler zur Messezeit ein. Aber es entstanden auch Neubauten.

Über einen Laubengang mit Messegewölben, 1706 errichtet, baute drei Jahre später Baumeister Hermann Korb ein „publiques Gebäude" (ungefähr Ecke Gördelinger Straße und Neue Straße heute), in dem u.a. ein Börsensaal und das Kaufgericht eingerichtet wurden. Etwa 150 Jahre später ließ sich dort die bis auf das Jahr 1690 zurückgehende einst bedeutende Braunschweiger Firma Pfeiffer und Schmidt (Kurzwaren-Großhandel) nieder.

Auch der heutige Handelsweg zwischen Gördelinger Straße und Breiter Straße geht auf Messeeinrichtungen des um 1700 gebauten Neuen Hofes

Warenmesse auf dem Kohlmarkt und in den benachbarten Straßen

Der Handelsweg, Verbindung zwischen Gördelinger Straße und Breiter Straße, ist ein Überbleibsel des um 1700 als Messeanlage gebauten Neuen Hofes. Von 1870 bis nach dem Ersten Weltkrieg hieß der Weg Sedanbazar. Heute sind dort überwiegend Lokale und Geschäfte mit Antiquitäten angesiedelt

zurück. 1680 bereits wurde die Autorskapelle am Altstadtrathaus zur Breiten Straße hin abgerissen und dort der Autorshof im Renaissancestil als Messebau errichtet. Der Merkantilismus feierte Triumphe.

Frankfurt am Main und Leipzig hatten gegen die Messepläne des Herzogs heftig opponiert. Kein Wunder, denn Braunschweig wurde ernsthafte Konkurrenz. Leipzig blieb unangefochten die Nummer 1 als Messestadt, ob ihr aber Frankfurt oder Braunschweig auf Platz 2 folgte, darüber gehen die Aussagen der Historiker auseinander.

Ohne „Sonderangebote“ des Landesfürsten wäre das allerdings so bald nicht möglich gewesen. Fremde Handelsleute erhielten freies Geleit im Herzogtum, Zollfreiheit und Mieterlaß für die Verkaufsräume über einen bestimmten Zeitraum. Besonders wichtig aber war, daß nun auch fremde Kaufleute untereinander Geschäfte abschließen konnten, ohne einen einheimischen Bürger als Vermittler einschalten zu müssen, wie das auch in anderen Städten üblich war. Es wurde eine neue Marktgerichts- und Wechselordnung geschaffen, und ein Kaufgericht konnte bei Streitigkeiten angerufen werden. So wurde Braunschweig zum Treffpunkt der Kaufleute und blieb es über nahezu zwei Jahrhunderte.

5 000 Fachbesucher kamen pro Jahr aus allen deutschen Landen, aber auch aus Skandinavien, England, Holland, Belgien und Frankreich. Die Zahl der Schaulustigen aus dem Umland wurde auf 8 000 bis 10 000 geschätzt. Der Umsatz pro Messe belief sich in den Jahren nach 1700 auf etwa zwei Millionen Taler. Weitere Einnahmen waren 12 000 Taler an Zoll und 6 000 Taler an Mieten und Standgeld. Nicht geschätzt ist, was die auswärtigen Besucher sonst noch an Geld in der Stadt ließen.

Herzog Anton Ulrich, seit 1685 Mitregent neben seinem Bruder Rudolf August, sah die Notwendigkeit, für die mehrere Tage in Braunschweig weilenden Messebesucher auch eine Art „Rahmenprogramm“ zu bieten. Als begeisterter Theateranhänger hatte er in Italien und am Hofe von Ludwig XIV. prunkvolle Opern- und Ballettaufführungen erlebt. In Wolfenbüttel schrieb er Operntexte, war Regisseur und Sänger-Darsteller. Logisch also, daß sich für ihn ein Theater in Braunschweig anbot. 1689/90 ließ er das nicht mehr benötigte Rathaus am Hagenmarkt zu einem Opernhaus umbauen. Es sollte ein wesentlicher Schauplatz der deutschen Theater- und Musikgeschichte bis ins 19. Jahrhundert hinein werden.

Information

Stadtbibliothek, Steintorwall 15,
38100 Braunschweig,
Tel.: 0531/470-4601

Städtisches Museum, Altstadtmarkt,
Tel.: 0531/4704551

Herzog Anton Ulrich

Ein Theater auf Pump

2000 Taler waren für den Umbau des Rathauskomplexes am Hagenmarkt zum Opernhaus veranschlagt. 27000 Taler kostete es letztlich. Nicht daß Herzog Anton Ulrich dieses Geld gehabt hätte... Er lieh es sich von reichen Braunschweiger Bürgern gegen sechs Prozent Zinsen.

Solche reichen Bürger gab es wohl genügend, und das hatte den theaterbesessenen Barockfürsten auf die Idee gebracht, in Braunschweig regelmäßig Opernaufführungen nun vor zahlendem Publikum über die Bühne gehen zu lassen. Ein Geld einspielendes Theater schien die Lösung der Finanzprobleme des Herzogs.

Seit 1685 Mitregent an der Seite seines, an Regierungsgeschäften nur mäßig interessierten, Bruders Rudolf August, eiferte Anton Ulrich seinem Vorbild Ludwig XIV. in dessen Prachtentfaltung nach. Da genügte natürlich nicht die kleine Bühne im Wolfenbütteler Schloß. Also ließ er an der Westseite ein neues Theatergebäude errichten.

Zur gleichen Zeit (1688) entstand des Herzogs Lustschloß Salzdahlum, die Antwort Anton Ulrichs auf das Versailles des Sonnenkönigs, mit einer weltberühmten erlesenen Kunstsammlung. Sie ist nun – ständig erweitert – in dem 1887 eröffneten Museumsgebäude untergebracht, das inzwischen Herzog Anton Ulrich-Museum heißt. Das Schloß Salzdahlum verfiel und wurde 1813 noch unter französischer Herrschaft abgerissen.

Das neue Theater am Hagenmarkt wurde 1690 mit der Oper „Cleopatra" von Johann Sigmund Kusser und dem Hofdichter Friedrich Christian Bressand eröffnet. Beliebt war bei Hofe vor allem die italienische Oper, doch immer mehr erschienen auch deutsche Singspiele auf dem Spielplan. Hier ist der Komponist Georg Kaspar Schürmann zu nennen. Von 1707 bis zu seinem Tod 1751 leitete er das Theater. Etwa 50 Opern komponierte er, darunter auch „Heinrich der Vogler", aus der noch heute fast jeder Braunschweiger das „Mummelied", als eine Art lokaler Nationalhymne, kennt. Schürmann machte Braunschweigs Theater zur maßgebenden deutschen Opernbühne seiner Zeit.

Nur allmählich hielt das Schauspiel Einzug in die Stadt. Wandertruppen kamen besonders zu den Messezeiten und bauten ihre Bühnen in Gasthaussälen oder leer stehenden Rathäusern auf. Das Opernhaus am Hagenmarkt blieb dem Schauspiel verschlossen – bis 1735.

Das Opernhaus am Hagenmarkt. Einst Rathaus des Weichbildes Hagen, wurde es zum Theater umgebaut und 1690 eröffnet. Bis 1861 wurde hier gespielt

Daten aus der Geschichte

1689 „Bill of Rights" begründet die konstitutionelle Monarchie in England

1690 Gründung des ersten deutschen Predigerseminars im Kloster Riddagshausen bei Braunschweig

1691/92 Auf Anordnung von Herzog Anton Ulrich beginnen in Braunschweig die Arbeiten zu einer sechs Kilometer langen und 300 Meter tiefen Bastionärbefestigung nach dem Muster des französischen Festungsbauers Vauban. Ihre Spuren sind am Zick-Zack-Verlauf der Okergräben und an einzelnen Wällen noch heute abzulesen. Die Pläne stammten von Major Johann Caspar Völkel

1701 Das erste deutsche Adreßbuch erscheint. Es ist das von Leipzig. Zehn Jahre zuvor war als erstes Adreßbuch überhaupt das von Paris erschienen

1702 Hannoversche und cellesche Truppen besetzen das Land Braunschweig. Anton Ulrich hatte 12000 Mann gegen seine Stammesvettern zusammengezogen. Lauenburg war nach dem Aussterben der Askanier an Celle gefallen, und der in Calenberg-Göttingen-Grubenhagen regierende Herzog Ernst August war mit der Kurwürde Hannover belehnt worden. Der in seinem Selbstgefühl verletzte Anton Ulrich suchte eine gewaltsame Auseinandersetzung, mußte sein Vorhaben aber infolge der Besetzung aufgeben

Das Große Haus des Braunschweigischen Staatstheaters am Steinweg heute

Eine junge Schauspielerin mit Namen Friederike Caroline Weißenborn hatte im Winter 1717/18 in der Residenz Blankenburg des Herzogs Ludwig Rudolf, zweiter Sohn Anton Ulrichs, ihren ersten Auftritt. Wenige Monate später heiratete sie im Braunschweiger Dom einen ihrer Kollegen, den ehemaligen Rechtsstudenten Johann Neuber. In der Folgezeit wurde „die Neuberin" als Reformerin des deutschen Sprechtheaters, mit dem Ziel eines höheren künstlerischen und geistigen Niveaus, zu einer Persönlichkeit der deutschen Theatergeschichte. Sie durfte als erste mit ihrer eigenen Schauspieltruppe 1735 auf der Bühne des Opernhauses am Hagenmarkt in einer Galavorstellung zum Besuch des Fürsten von Anhalt-Bernburg mit Gottscheds Stück „Der sterbende Cato" auftreten.

Im März 1772 gelang es dem Theatermann Karl Theophil Doebbelin, die Uraufführung von Lessings „Emilia Galotti" auf die Braunschweiger Bühne zu bekommen. Eine neue Theater-Ära begann mit dem aus Braunschweig stammenden Schriftsteller, Verwaltungsjuristen und Theaterleiter August Klingemann.

Von 1818 an war Klingemann zunächst Direktor eines von einem Theateraktienverein getragenen „Braunschweiger Nationaltheaters", und nach dessen Schließung (1826) wurde er Leiter des neu entstandenen „Herzoglichen Hoftheaters". Das wichtigste Theaterereignis dieser Zeit war die Uraufführung von Goethes „Faust I" am 19. Januar 1829.

170 Jahre alt ist das Haus am Hagenmarkt geworden. Dann mußte es wegen Baufälligkeit abgerissen werden. Am 1. Oktober 1861 wurde ein Neubau am Steinweg im Glanz von 150 Gasflammen mit Goethes „Iphigenie" eröffnet. Nach zwei Weltkriegen und Zerstörung wird noch immer am Steinweg Theater gespielt – jetzt auch in einem, erst Anfang 1996 fertiggestellten, „Kleinen Haus" des heutigen Staatstheaters.

Touristische Tips

Auf dem Hagenmarkt in Braunschweig markiert ein Gedenkstein den Standort des Opernhauses von 1690. Der Nachfolgebau am Steinweg von 1861, das heutige „Große Haus" des Staatstheaters, hat trotz schwerer Kriegsschäden äußerlich nur wenig Veränderung erfahren, sein Inneres indes wurde mehrfach umgestaltet. Das Haus war seinerzeit in den damaligen Herzoglichen Garten hineingebaut worden und trennt nunmehr diesen in zwei Teile: in den Theaterpark (vom Steinweg aus links), in dem sich auch Kulissenwerkstätten befinden, und in den Museumspark auf der Südseite.

Quer durch diesen gelangt man zum Herzog Anton Ulrich-Museum mit den reichen Kunstschätzen Anton Ulrichs, seiner Nachfolger und mancher Mäzene. Werke von Holbein d.J., Rembrandt, Rubens und Jan Vermeer van Delft sind dort zu sehen. Außerdem enthält es ein in der Kunstwelt berühmtes Kupferstichkabinett.

Das neue „Kleine Haus" des Staatstheaters steht dem „Großen Haus" schräg gegenüber. Alle diese Stätten sind zu Fuß leicht „abzuwandern".

Information

Braunschweigisches Landesmuseum, Burgplatz 1, 38100 Braunschweig, Tel.: 0531/484-2602

Städtisches Museum, Am Löwenwall, 38100 Braunschweig, Tel.: 0531/4704508

Herzog Anton Ulrich-Museum, Museumsstraße 1, 38100 Braunschweig, Tel.: 0531/4842400

Stadtbibliothek, Steintorwall 15, 38100 Braunschweig, Tel.: 0531/470-4601

Niedersächsisches Staatsarchiv, Forstweg 2, 38442 Wolfenbüttel, Tel.: 05331/935-0

Birgt weltberühmte Kunstschätze: das Herzog Anton Ulrich-Museum (Ausschnitt)

Mit Elan in die Pleite

Herzog Karl I.

Daten aus der Geschichte

1737 Die Universität Göttingen wird gegründet

1738 Die Herstellung der Schwarzwälder Kuckucksuhren beginnt

1741 Das Wiener Burgtheater wird gegründet, ab 1776 Nationaltheater

1742 Anders Celsius, schwedischer Astronom, führt die heute gebräuchliche Thermometerskala ein

1747 Der Architekt Friedrich des Großen, Georg Wenzeslaus von Knobelsdorff beendet den 1745 begonnenen Bau des Schlosses Sanssouci bei Potsdam

1770 Berufung von Gotthold Ephraim Lessing zum Bibliothekar der herzoglichen Bibliothek in Wolfenbüttel

Die Echternstraße in Braunschweig ist von Bomben verschont geblieben. So ist auch das Haus erhalten, in dem die Familie Stobwasser im 18. Jahrhundert ihre in Europa führende Lackwarenfabrik einrichtete (links hinten mit Toreinfahrt)

Das Volk liebte und verehrte ihn, und er war um das Wohlergehen seiner Untertanen bemüht wie kaum jemals zuvor ein Fürst auf Braunschweigs Thron – so jedenfalls ist es in alten Geschichtsbüchern zu lesen. Gemeint ist Herzog Karl I., Sohn Ferdinand Albrecht II. aus dem Hause Bevern.

1735 übernahm Karl I. – damals gerade 22 Jahre alt – nach dem Tode seines Vaters die Regierung. Bis 1780 lenkte er patriarchalisch die Geschicke seines Landes, und er lenkte sie zweifellos zunächst einmal gut – anfangs von Wolfenbüttel aus, bis er dann 1753 seine Residenz nach Braunschweig verlegte und in das neue Schloß am Bohlweg („Grauer Hof") zog. Er ließ die Straßen pflastern, wegen der Seuchengefahr die Friedhöfe vor die Stadt verlegen, und von 1765 an gab es Straßenbeleuchtung.

Neue Einrichtungen sollten die Finanzkraft des verschuldeten Landes stärken. Im Jagdschloß Fürstenberg an der Weser ließ Karl I. eine Porzellanmanufaktur einrichten, die heute der Norddeutschen Landesbank (Nord/LB) gehört. Um Bergbau und Hüttenwesen mit Schwerpunkt Eisengewinnung kümmerte er sich besonders im Südharz und Weserbergland, also in ärmeren Gebieten seines Herzogtums. Er schuf Gesetze zum Schutz der Bauern vor Ausbeutung seitens der Gutsherren, setzte sich für den Anbau von Kartoffeln ein und holte Pfälzer ins Land, die sich in Veltenhof niederließen. Sie sollten die Wirtschaft durch den Anbau von Tabak, Mais und Wein beleben. Das mit dem Wein klappte allerdings nicht. Auch blieb Karls Bemühen erfolglos, die Seidenproduktion im Braunschweiger Land heimisch zu machen. Großflächig ließ er auf den Wällen Maulbeerbäume als Nahrung für die Seidenraupen anpflanzen, aber die Zucht wurde ein Fehlschlag.

In der Stadt Braunschweig gelang es, die Stobwassersche Lackwarenfabrik anzusiedeln, die einen großen Aufschwung nahm. Weitere Fayencenfabriken entstanden. 1745 erschien die erste Ausgabe der Zeitung „Braunschweigische Anzeigen". Sie gab den Kaufleuten in Braunschweig erstmals eine Möglichkeit, öffentlich ihre Warenangebote darzustellen.

Karl I. erließ eine Armenordnung, schuf eine neue Schulordnung, ließ zum Schutz vor Quacksalberei ein herzogliches Sanitätskollegium („Collegium medicum") bilden und später ein Anatomisch-Chirurgisches Institut auf dem heutigen Gaußberg einrichten. Er verfügte die Bildung einer Landes-Brandversicherungsanstalt und die Gründung eines „öffentlichen Leyhauses" (später Braunschweigische Staatsbank, die inzwischen in der Nord/LB aufgegangen ist).

Auf Anraten des Hofpredigers und Prinzenerziehers Abt Jerusalem war bereits 1745 das Collegium Carolinum entstanden, eine neuartige Bildungsinstitution zwischen Gymnasium und Universität. Neben Geisteswissenschaften und „schönen Künsten" standen auch mathematisch-technische sowie wirtschaftliche Fächer auf dem Lehrplan. Aus dieser Institution ist die heutige Technische Universität Carolo-Wilhelmina hervorgegangen.

Dann kam die Pleite. Die Schuldenlast des Herzogtums Braunschweig war von eineinhalb Millionen Talern (1735) auf zehneinhalb Millionen (1760) angewachsen und stieg weiter. Reformen kosten Geld, und der Herzog war kein besonders ideenreicher Finanzier. Schwere Belastungen hatte auch der Siebenjährige Krieg gebracht. Und Karl I. liebte zudem höfischen Prunk und kostspielige Lustbarkeiten. Es half auch das Zahlenlotto nicht mehr viel, das er 1771 als „Finanzoperation zur Minderung der Landesschulden" im Lottohaus auf dem Aegidienmarkt zuließ. Der Staatsbankrott stand bevor.

Da griff Erbprinz Karl Wilhelm Ferdinand ein. Karl I. war mit der Prinzessin Philippine Charlotte von Preußen verheiratet, der Schwester Friedrichs des Großen, der seinerseits Karls Schwester Elisabeth Christine geheiratet hatte. Als ältester Sohn des Herzogs wurde Karl Wilhelm Ferdinand nun zunehmend in die Regierung eingeschaltet. Er erhielt die Kontrolle über Einnahmen und Ausgaben des Staates und ging daran, die Finanzen durch äußerste Sparsamkeit und wirtschaftliche Maßnahmen zu sanieren – und durch den Verkauf von mehr als 4 000 Soldaten für Englands Krieg in Amerika.

Hauptgebäude der heutigen Technischen Universität von 1877 (Ausschnittfoto). Dahinter das nach dem Zweiten Weltkrieg gebaute TU-Hochhaus

Das „Finanzgebäude" oder auch „Finanzbehördenhaus" an der Dankwardstraße wurde 1894 in Betrieb genommen als Neubau für das 1765 gegründete „öffentliche Leyhaus". Heute ist dort eine Niederlassung der Norddeutschen Landesbank (Nord/LB)

Touristische Tips

Vom Bohlweg zog das 1745 gegründete Collegium Carolinum 1862 in einen Neubau an der Pockelsstraße um. Dort ist es – jetzt Technische Universität Carolo-Wilhelmina – noch immer. Neubauten sind nach dem Zweiten Weltkrieg hinzugekommen. Aus der Hochschule wurde ein ganzes Uni-Viertel.
Auf der Echternstraße steht mit der Nummer 16 noch das Haus, in dem Johann Heinrich Stobwasser seine Lackwarenmanufaktur einrichtete.
Eine bedeutende Sammlung dieser Lackwaren besitzt das Städtische Museum am Steintorwall. Im rückwärtigen Bereich des ehemaligen Stobwasser-Grundstücks gibt es heute noch einen alten jetzt niedrigen Wehrturm mit Wehrgang. Der Turmstumpf, der bewohnt ist, war früher in die Stadtmauer hinter dem Befestigungsgraben integriert.
Die Porzellanmanufaktur Fürstenberg ist beliebtes Ausflugsziel mit mehr als 70 000 Besuchern pro Jahr. Sie liegt südöstlich von Höxter. Die Burg wie auch die Produktionsstätten können besichtigt werden. In den Ausstellungsräumen sind alte Porzellanschöpfungen ebenso zu finden wie auch modernes Design. Kaufen kann man natürlich auch.

Information

Niedersächsisches Staatsarchiv, Forstweg 2, 38442 Wolfenbüttel, Tel.: 05331/9335-0

Daten aus der Geschichte

1768/69 Im Süden von Braunschweig entsteht für die Prinzessin Auguste von Wales, Schwester des englischen Königs Georg III. und Gemahlin von Karl Wilhelm Ferdinand, das Schloß Richmond mit großem Park. Weil die Kassen des Herzogtums leer waren, bezahlte sie das Schloß privat

1774 Am 5. September wird in Greifswald der romantische Landschaftsmaler Caspar David Friedrich geboren

1780 In Berlin stellt erstmals Franz Achard Zucker aus Rüben her

1781 Washington besiegt mit französischen Hilfstruppen die Engländer bei Yorktown

1786–88 Bau eines Palais für den Dragonerobersten J. C. von Riedesel am Augusttor in Braunschweig, aus dem später das bekannte „Dannes Hotel" wurde

1788 Die Verfassung der USA tritt in Kraft

Nach Wolfenbüttel des Geldes wegen

Im Mai des Jahres 1770 erhielt die herzogliche Bibliothek in Wolfenbüttel einen neuen Bibliothekar: Gotthold Ephraim Lessing trat in den Dienst von Herzog Karl I., empfohlen von dem Übersetzer englischer Literatur, Johann Arnold Ebert, und gefördert von Erbprinz Karl Wilhelm Ferdinand.

Ebert gehörte im Collegium Carolinum jener Gruppe um Abt Jerusalem an, die als „Bremer Beiträger" (Autoren einer in Bremen erscheinenden Zeitschrift) zu den Bahnbrechern der klassischen deutschen Literatur zählten. Mit dabei: Karl Christian Gärtner, Literat und Kritiker, Just Friedrich Wilhelm Zachariä, Autor u.a. des komischen Heldengedichtes „Der Renommist", der Shakespeare-Übersetzer Johann Joachim Eschenburg, der Religionswissenschaftler und Dichter Konrad Arnold Schmid und der Dramatiker („Julius von Tarent") und spätere herzogliche Beamte Johann Anton Leisewitz. Zu diesen stieß nun Lessing.

Es ging ihm ums Geld. In Hamburg waren seine Theater-Pläne und eine Verlagsgründung gescheitert. Lessing war bankrott. Nun bot ihm Wolfenbüttel eine finanziell gesicherte Existenz, so schien es, und gab ihm somit die Möglichkeit, endlich seine Freundin Eva König zu heiraten, die Witwe eines Hamburger Seiden- und Tapetenhändlers. Aber 600 Taler im Jahr bei freier Wohnung waren wohl nicht gerade ein fürstliches Salär, zumal er dieses Geld mitunter erst anmahnen mußte. So konnte Lessing dann doch erst 1776 Eva und ihre fünf Kinder zu sich nach Wolfenbüttel holen.

Lessing war Gelehrter und Dichter. Er beschränkte sich also nicht auf eine rein administrative Tätigkeit in der Bibliothek, sondern er schrieb. Als Verfechter der deutschen Aufklärung strebte Lessing die Läuterung der christlichen Glaubenswelt und eine sittlich-humane „Erziehung des Menschengeschlechts" zur Toleranz mit den Mitteln der Vernunft an. Das führte auch zum Streit mit der lutherischen Orthodoxie.

Lessings Haus in Wolfenbüttel mit Museums- und Ausstellungsräumen

1767 war Lessings „Minna von Barnhelm" erschienen. 1772 erfolgte die Uraufführung des bürgerlichen Trauerspiels „Emilia Galotti" mit großem Erfolg in Braunschweig, und 1779 kam „Nathan der Weise" heraus. Dies sind die drei bedeutendsten dramatischen Werke Lessings.

Ein Kind von Traurigkeit war Lessing nicht. Oft traf er sich mit seinen Freunden im Hotel d'Angleterre des Rüttger Heinrich Rönckendorff auf der Breiten Straße in Braunschweig und hatte deshalb in dieser Stadt eine kleine Zweitwohnung im Hause des Weinhändlers Angott am Aegidien-

Das Lessingdenkmal in Braunschweig wurde 1853 enthüllt. Ernst Rietschel hat die Statue entworfen, Georg Howaldt hat sie gegossen

markt gemietet. Bei Rönckendorff speisten sie, debattierten, spielten Karten und tranken Champagner. Es wird berichtet, daß dort eine Gesellschaft nach dem Genuß von elf Flaschen eine zwölfte gratis erhielt. Gerade Lessing soll daran stets kräftig beteiligt gewesen sein.

1776 heiratete Lessing dann endlich Eva König. Weihnachten 1777 wurde der Sohn Traugott geboren, der aber nur wenige Stunden lebte. Am 12. Januar 1778 starb auch Eva. Gotthold Ephraim Lessing überlebte Frau und Sohn um drei Jahre. Er erlag im Februar 1781 im Alter von 52 Jahren in seiner Wohnung am Aegidienmarkt einem „Stickfluß" (Lungenödem) und wurde auf dem St. Magni-Friedhof beigesetzt.

Karl Wilhelm Ferdinand regierte seit dem Tod seines Vaters Karl I. 1780 das Land im Sinne eines aufgeklärten Absolutismus. Er verbesserte die Armenfürsorge und holte 1786 den Pädagogen, Sprachforscher und Begründer der deutschen Jugendliteratur („Robinson der Jüngere") Joachim Heinrich Campe nach Braunschweig, um das Schulwesen zu reformieren. Dessen Versuch, dieses der kirchlichen Aufsicht zu entziehen, schlug allerdings fehl. Campe gründete eine Schulbuchhandlung und holte den Verleger Vieweg von Berlin nach Braunschweig.

Der Herzog verfügte den Abriß der Befestigung rund um die Stadt, den Bau von Promenaden und Gärten an deren Stelle, und er förderte junge Talente – beispielsweise den Geiger, Komponisten und Dirigenten Louis Spohr und einen kleinen Arbeiterjungen mit Namen Carl Friedrich Gauss, der dann zu einem der größten Mathematiker und Astronomen der Neuzeit werden sollte.

Touristische Tips

Das Lessing-Haus in Wolfenbüttel ist zu einem Museum für Lessing und seine Zeit umgestaltet worden. Der Besucher erhält in den 15 Räumen einen umfassenden Überblick über das Jahrhundert der Aufklärung. Das Denkmal „Nathan der Weise" des Bildhauers Erich Schmidtbochum davor soll in seiner Haltung den Gedanken der weltoffenen Toleranz versinnbildlichen, für die Lessing eingetreten ist.

Der Magni-Friedhof in Braunschweig mit Lessings Grab befindet sich hinter der Stadthalle. Die Grabstelle ist leicht zu finden. Hier liegen auch andere bedeutende Persönlichkeiten: die Huch-Familie, Gerstäcker und Campe zum Beispiel.

Nahe der Kirche St. Aegidien steht auf dem jetzigen Lessingplatz die von Ernst Rietschel entworfene und von Georg Howaldt gegossene Statue Lessings. Sie wurde 1853 unweit des heute zerstörten Sterbehauses Lessings enthüllt. Das Denkmal ist das erste in Braunschweig gewesen, das eine menschliche Gestalt zeigt.

Information

Tourist-Information, Stadtmarkt 9,
38300 Wolfenbüttel, Tel.: 05351/86487
Herzog August Bibliothek, Lessingplatz 1,
38299 Wolfenbüttel, Tel.: 05331/8080
Niedersächsisches Staatsarchiv, Forstweg 2,
38442 Wolfenbüttel, Tel.: 05331/9350

Daten aus der Geschichte

1789 Beginn der Französischen Revolution

1791 Im Dezember stirbt Wolfgang Amadeus Mozart in Wien im Alter von 35 Jahren. Er wird wegen seiner Armut im Massengrab beigesetzt

1792 Der Dollar wird Münzeinheit in den USA

1793 Die letzte Hexenverbrennung erfolgt in Europa (in Posen)

1794 Der Jakobiner Maximilian Robespierre wird gestürzt und hingerichtet, nachdem er Georges Danton hatte hinrichten lassen

1794–1798 Bau des Landwirtschaftlichen Hauses in Braunschweig am Eiermarkt, des späteren Landtagsgebäudes

1799–1804 Errichtung des Vieweghauses am Burgplatz (heute umgebaut – Haus des Landesmuseums)

Auf diesem Grundstück im heutigen Uni-Viertel (Gausstarße 32) legte Carl Friedrich Gauss im Jahre 1803 den Nullpunkt seines Koordinatensystems zur Landvermessung fest

Geniestreich auf der Schiefertafel

Die Geschichte gilt als verbürgt: In der Schule des Schreib- und Rechenmeisters Büttner nahe der Katharinenkirche in Braunschweig sollen die Kinder die Zahlen von 1 bis 100 addieren – reine Beschäftigung, um dem Meister Zeit für eigene Arbeiten zu geben. Aber nur wenig später knallt der acht Jahre alte Carl Friedrich, genannt „Fritze“, seine Schiefertafel auf den Tisch, mit dem überlieferten Ausspruch in breitem Braunschweigisch: „Da liecht se!“

„Fritze“ hatte sofort erkannt, daß – geht man in der Zahlenreihe von 1 abwärts und von 100 aufwärts – die Summe der beiden Zahlen jeweils 101 ist, also 1 + 100 = 101, 2 + 99 = 101 usw. Der Achtjährige multiplizierte daraufhin 101 mit 50 und kam so zu dem richtigen Ergebnis 5050. Unbewußt hatte er die Formel der arithmetischen Reihe für sich entdeckt.

So begann der Weg des Carl Friedrich Gauss, Sohn des Lehmentierers (Maurers), Hausschlachters, Markthelfers und Sterbekassenboten Gebhard Dietrich Gauss, zum größten Mathematiker und Astronomen der neueren Zeit.

Geboren wurde Carl Friedrich Gauss am 30. April 1777 in einem bescheidenen Haus auf der Wilhelmstraße, die damals noch nach dem dortigen Wasserlauf Wendengraben hieß. Seine Mutter war eine geborene Dorothea Benze, eine Dienstmagd bis zu ihrer Hochzeit 1776. Er starb am 23. Februar 1855 in Göttingen.

Meister Büttner und vor allem dessen Gehilfe Johann Martin Bartels, Sohn eines Zinngießers und später Absolvent des Collegium Carolinum, förderten „Fritze“, nachdem sie seine Begabung erkannt hatten. 1788 kam er auf das Gymnasium Katherineum am Hagenmarkt. Mit knapp 15 Jahren erhielt er 1792, gefördert durch Herzog Karl Wilhelm Ferdinand, eine Freistelle am Collegium Carolinum. Drei Jahre später ging Gauss mit einem Stipendium des Herzogs an die Universität Göttingen, von der er 1798 nach Braunschweig zurückkehrte. An der Universität Helmstedt promovierte er 1799 – also gerade 22 Jahre alt – zum Doktor der Philosophie und schuf 1801 mit seinen „Disquisitiones arithmeticae“ die Grundlage der heutigen Zahlenlehre.

Da war Gauss schon in der Welt bekannt, aber aus einem anderen Anlaß: In Palermo hatte am Neujahrsmorgen 1801 der Astronom Giuseppe Piazzi im Sternbild des Widder einen kleinen Planeten entdeckt, den er Ceres nannte. Bald darauf jedoch war der wieder verschwunden und blieb unauffindbar – bis Gauss ihn durch eine völlig neue Methode zur Berechnung der Planetenbahnen wieder aufspürte. Mit der „Theoria motus“ veröffentlichte Gauss 1809 sein astronomisches Hauptwerk, die Methode der Bahnberechnung von Himmelskörpern. Gauss schuf mit einem Projekt der Meridianvermessung die Voraussetzung für die Kartografie. Den Nullpunkt seines Koordinatensystems zur Landvermessung legte er 1803 auf dem Grundstück der heutigen Gaussstraße 32 fest. Eine Tafel dort erinnert daran.

1807 wurde Gauss zum Professor und Direktor der Sternwarte in Göttin-

gen berufen. 1820 übertrug man ihm die Vermessung des Königreiches Hannover, wofür er eigens einen Heliotropen zur Reflexion des Sonnenlichtes erfand.
Zusammen mit dem Physiker Wilhelm Weber untersuchte er das Problem des Erdmagnetismus. Dabei bauten sie bereits 1833, um die beträchtliche Entfernung zwischen Physikalischem Institut und der, bei der Sternwarte eingerichteten, erdmagnetischen Beobachtungsstelle zu überwinden, einen elektromagnetischen Telegrafen.
Aber alles war Zufall gewesen. Trotz seiner mathematischen Genialität war Gauss sich nämlich durchaus nicht sicher gewesen, ob er Mathematik studieren solle. Auch das Studium der Philologie reizte ihn nämlich. Dann aber kam das Problem des 17-Eck auf ihn zu. Seit 2000 Jahren galt als erwiesen, daß nur Dreiecke, Vierecke, Fünfecke und solche Vielecke, deren Eckenzahl einer fortgesetzten Verdoppelung dieser Zahlen entspricht, mit Zirkel und Lineal konstruierbar seien. Mit dem 17-Eck lieferte Gauss den Gegenbeweis. Gleichzeitig stellte er eine neue Lehre von der Kreiseinteilung auf. Er war damals gerade 19 Jahre alt. Nun erst entschied er sich für die Mathematik.

Gauss-Denkmal nahe der Technischen Universität in Braunschweig

Kein goldener Stern am Sockel des Gauss-Denkmals, sondern ein 17-Eck. Dergleichen mit Zirkel und Lineal zu konstruieren, galt in der Mathematik als undurchführbar. Carl Friedrich Gauss bewies das Gegenteil

Touristische Tips

Das Gauss-Denkmal steht im Norden Braunschweigs nahe der TU an einem Berg, der nach einem früher auf ihm eingerichteten medizinischen Gebäude Anatomieberg hieß. Heute ist das der Gaussberg. Das Modell schuf der Berliner Bildhauer Fritz Schaper. Den Erzguß nahm der Braunschweiger Georg Howaldt vor. Eingeweiht wurde das Denkmal im Juni 1880. An der Seite ist ein goldenes 17-Eck eingelassen, das Gauss als erster mit Zirkel und Lineal konstruierte, was in der Mathematik als unmöglich gegolten hatte. Das Geburtshaus von Gauss (Wilhelmstraße 30) wurde im Krieg zerstört. In ihm war ein kleines Museum eingerichtet gewesen. Wichtige Ausstellungsstücke waren zuvor in Sicherheit gebracht worden. Gebrauchsgegenstände und Geräte sind jetzt im Städtischen Museum, schriftliche Nachlaßteile im Stadtarchiv.

Information

Universitätsbibliothek der TU Braunschweig, Pockelsstraße 13, 38106 Braunschweig, Tel.: 0531/391-5018

Städtisches Museum, Am Löwenwall, 38100 Braunschweig, Tel.: 0531/4704508
Stadtarchiv, Löwenwall 18 B, 38100 Braunschweig, Tel.: 0531/470-4711

Herzog Friedrich Wilhelm

Daten aus der Geschichte

1802 Das Seebad Travemünde wird eröffnet

1803 Die USA kaufen das westliche Louisiana von Frankreich

1806 Goethe heiratet Christiane Vulpius, seine Geliebte seit 1788

1807 Robert Fulton gelingt die Dampfschifffahrt auf dem Hudson von New York nach Albany (240 Kilometer in 32 Stunden). Er gilt als der Erfinder des Dampfschiffes

1808 Karl Spitzweg, deutscher Maler des Biedermeier, wird geboren

1810 Wilhelm von Humboldt gründet in Berlin die Universitä.

1811 Gründung der Krupp-Werke in Essen durch Friedrich Krupp

Franzosenzeit

Die Antwort Napoleons kam knallhart: „Das Haus Braunschweig hat aufgehört zu regieren!“, ließ er Herzog Karl Wilhelm Ferdinand mitteilen. Was war geschehen?

Als Oberbefehlshaber der preußischen Truppen gegen Napoleon erlitt der Herzog – bereits 71 Jahre alt – in der Schlacht bei Jena und Auerstedt am 14. Oktober 1806 eine vernichtende Niederlage. Er selbst wurde durch einen Schuß in den Kopf über seinem rechten Auge tödlich verwundet, doch gelang es noch, ihn nach Braunschweig zu bringen. Dort regelte er die Nachfolge auf dem Thron für seinen jüngsten Sohn Friedrich Wilhelm und ersuchte Napoleon um Anerkennung der Neutralität seines Landes. Karl Wilhelm Ferdinand hatte nämlich nur in seiner Eigenschaft als preußischer Heerführer an dem Krieg teilgenommen. Das Land Braunschweig war neutral geblieben.

Die Antwort Napoleons gab ihm keine Chance. So verließ er die Stadt am 25. Oktober, um der französischen Gefangenschaft zu entgehen. Eine Tag später rückten die Franzosen unter General Bisson in Braunschweig ein. Karl Wilhelm Ferdinand gelangte bis nach Ottensen bei Altona, das damals zum neutralen Dänemark gehörte. Dort erlag er am 10. November 1806 seiner Verletzung.

Nach dem Frieden von Tilsit (1807) wurde das Herzogtum Braunschweig als Okerdepartement einem neu geschaffenen Königreich Westphalen einverleibt, dessen Souverän Napoleons jüngster Bruder Jérome wurde, der in Kassel mit Prunk und Pracht residierte. Große Teile der Bevölkerung sahen eine französische Regierung zunächst nicht ohne Hoffnung. Die neuen gesellschaftlich fortschrittlichen Gedanken der Französischen Revolution brachten die Gleichstellung aller vor dem Gesetz, Aufhebung der

In der Schlacht bei Jena und Auerstedt tödlich verwundet: Braunschweigs Herzog Karl Wilhelm Ferdinand.

Auf dem Zug mit seiner „Schwarzen Schar“ bis zur Nordseeküste rastete Herzog Friedrich Wilhelm in der Nacht zum 1. August 1809 am Petritor. Am nächsten Tag kam es zu der Schlacht von Ölper gegen die Franzosen

Vorrechte einzelner Stände, Beseitigung der letzten Reste der Leibeigenschaft und aller feudalen Lasten, Religionsfreiheit und eine straffe Verwaltung. Aber bald wurde die Kehrseite erkennbar: Ein Polizei- und Spitzelsystem etablierte sich.
Enorm hohe Steuern und zusätzlich noch Kontributionen (Kriegssteuern) wurden erhoben. Teure Einquartierungen mußten außerdem hingenommen werden. Vor allem aber war es die Aushebung junger Männer für den Kriegsdienst in Napoleons Armee, die den Widerstand wachsen ließ.
Durch militärische Einzelaktionen versuchte Anfang 1809 der preußische Major Ferdinand von Schill, eine allgemeine Erhebung einzuleiten. Es mißlang. Schill fiel bei einem Gefecht in Stralsund. Zahlreiche Gefangene aus seinem Freikorps wurden nach Frankreich gebracht, 14 westphälische Soldaten unter diesen allerdings als Deserteure in Braunschweig nahe dem Leonhardsplatz erschossen.
Im gleichen Jahr warb Friedrich Wilhelm, Sohn von Karl Wilhelm Ferdinand und durch Erbschaft auch Herzog des kleinen schlesischen Fürstentums Oels geworden, auf eigene Kosten in Böhmen ein Freikorps von 2000 Mann an und kämpfte an der Seite der Österreicher gegen die Franzosen. Er wollte bis nach Norddeutschland vordringen und dort einen Aufstand entfachen. Doch in Sachsen erreichte ihn und seine „Schwarze Schar“ aus Wien der Rückzugsbefehl: Österreich und Frankreich hatten Waffenstillstand geschlossen.
Da ließ Friedrich Wilhelm auf eigene Faust sein Freikorps nordwärts ziehen. Er wollte zur Nordseeküste und von dort mit seinen Truppen nach England übersetzen, um mit den Engländern den Kampf gegen Napoleon fortzuführen. So geschah es. Nach seinem inzwischen legendären Zug durch das besetzte Reichsgebiet ging er am 6. August 1809 in Elsfleth und Brake mit seiner „Schwarzen Schar“ an Bord.
Auf dem Wege dorthin hatte Friedrich Wilhelm in der Nacht des 31. Juli in Braunschweig Rast gemacht, von der Bevölkerung lebhaft begrüßt. Beim Petritor weist eine umhegte Eiche mit Gedenktafel auf das Ereignis hin. Am nächsten Tag kam es dann bei Ölper zum Gefecht zwischen der „Schwarzen Schar“ und den Verfolgern unter General Reubell, das ohne Entscheidung blieb. Da aber Reubell das Feld räumte, um sich mit einem anrückenden holländischen Kontingent zu vereinen, war der Weg für Friedrich Wilhelm frei.

Die Friedrich-Wilhelm-Eiche und eine Gedenktafel erinnern an das Lager des „Schwarzen Herzogs“ an dieser Stelle

Touristische Tips

Am Petritor steht die Friedrich-Wilhelm-Eiche. An dieser Stelle hatte Herzog Friedrich Wilhelm am 31.7./1.8. 1809 auf seinem legendären Zug von Böhmen zur Nordsee unter einem Baum gerastet, der bald darauf aus der Allee verschwand. Keiner weiß wohin. 1850 pflanzte der Braunschweigische Kriegerbund dort eine Eiche, die später mit einer Einfassung versehen wurde, entworfen von Friedrich Maria Krahe und ausgeführt von Hofbildhauer Theodor Strümpell. Im Landesmuseum existiert noch das Frühstücksgeschirr des „Schwarzen Herzogs“, das er hier benutzt hat. Außerdem wird dort seine letzte Uniform aufbewahrt.
Zu Ehren der Herzöge Karl Wilhelm Ferdinand und Friedrich Wilhelm haben die Braunschweiger Bürger auf dem Löwenwall, dem schönsten Platz der Stadt Braunschweig, 1823 einen 22 Meter hohen Obelisk errichten lassen. Entworfen hat das Monument Peter Joseph Krahe. Finanziert wurde es durch freiwillige Beiträge der Braunschweiger Bevölkerung.
Nahe dem Leonhardsplatz (Stadthalle) erinnert ein Denkmal an die Erschießung der 14 Soldaten Schills an dieser Stelle durch die Franzosen 1809.

Information

Niedersächsisches Staatsarchiv, Forstweg 2, 38442 Wolfenbüttel, Tel.: 05331/935-0

„Diamanten-Herzog" Karl II.

Daten aus der Geschichte

1815 Am 1. April wird in Schönhausen Otto von Bismarck, erster deutscher Kanzler und Reichsgründer, geboren

1817 Auf Initiative der Jenaer Studenten findet am 18. Oktober das Wartburgfest der deutschen Burschenschaften statt, zu dem Teilnehmer von zwölf deutschen Universitäten kommen. Unter den Farben Schwarz-Rot-Gold fordern sie die Einheit Deutschlands und protestieren gegen die Restaurationspolitik des Deutschen Bundes

1819 Als erstes Dampfschiff überquert die amerikanische „Savannah" den Atlantik. Der Zweimaster hatte sowohl Segel wie auch eine mit Holz befeuerte Dampfmaschine und Schaufelräder. Obwohl die Maschine wegen begrenzter Feuerungskapazität nur zeitweise benutzt werden konnte, legte das Schiff die Strecke von seinem Heimathafen Savannah nach Liverpool in 25 Tagen zurück und unterbot damit die übliche Fahrzeit um 7 bis 15 Tage

Brand des „Grauen Hofes" am Bohlweg. Im September 1830 hatte eine gegen Herzog Karl II. revoltierende Menschenmenge das Schloß gestürmt und angezündet

Beginn einer neuen Ära

Im Jahre 1809 war Herzog Friedrich Wilhelm mit seiner „Schwarzen Schar" nach England übergesetzt, um von dort seinen Kampf gegen Napoleon weiterzuführen. Nicht einmal 30 Jahre später – nämlich 1838 – weihte das Herzogtum Braunschweig seine Eisenbahn nach Wolfenbüttel (von 1843 an bis Bad Harzburg) ein. Von Napoleon sprach kein Mensch mehr – von dem Königreich Westphalen des Jérome schon mal gar nicht. Die Jahre bis dahin aber waren ereignisreich gewesen.

Nach dem, für das französische Heer, katastrophalen Ausgang des Feldzuges gegen Rußland 1812 und der Niederlage Napoleons in der Völkerschlacht bei Leipzig (16.–19.9.1813), während der Befreiungskriege brach das französische Imperium zusammen. Herzog Friedrich Wilhelm kehrte am 22. Dezember 1813 nach Braunschweig zurück. Viel Zeit, sein Land neu zu ordnen, blieb dem Herzog nicht. Denn als Napoleon im März 1815 von Elba aus der Verbannung zurückkehrte und mit einem 150000-Mann-Heer nach Belgien marschierte, wo bereits ein preußisches Heer unter Blücher und ein englisches mit Wellington an der Spitze standen, dem das Braunschweiger Korps zugeordnet war, da machte sich auch Friedrich Wilhelm auf den Weg. Am 16. Juli 1815 fiel er in einem Gefecht bei Quatrebras südlich von Brüssel – zwei Tage vor der entscheidenden Schlacht bei Waterloo.

Die Vormundschaft über Friedrich Wilhelms unmündige Söhne Karl und Wilhelm in London – die Mutter Marie Elisabeth von Baden war bereits 1808 gestorben – übernahm der spätere König Georg IV. von England. Vom 30. Oktober 1823 an hieß dann Braunschweigs Herzog Karl II., und damit begann das Dilemma. Der brüskierte nämlich durch Arroganz und Kaltschnäuzigkeit Adel, Militär, Beamtenschaft und Bürger gleichermaßen. Er nahm ihnen angestammte Rechte, machte frühere Entscheidungen rückgängig und griff in alle Kassen. Da besannen sich die Braunschweiger auf eine ihrer früher gern praktizierten Traditionen: Sie jagten den Herzog davon. Am 7. September 1830 stürmte eine Menschenmenge das Schloß am Bohlweg, das Karl II. kurz zuvor verlassen hatte, und brannte es ab.

Von London aus erteilte Karl II. seinem Bruder Wilhelm die Vollmacht zur vorläufigen Regierungsübernahme als Generalgouverneur, widerrief diese dann wieder und unternahm einen kläglichen Versuch, sein Land zurückzugewinnen. Da erklärte ihn der Bundestag in Frankfurt, oberstes Organ des Deutschen Bundes, für regierungsunfähig und ermächtigte Wilhelm zur Weiterführung der Regierung. Er brachte seinem Land Frieden und wachsenden Wohlstand. Karl II. starb 1873 in Genf. Er hatte sein überwiegend in Diamanten angelegtes Vermögen dieser Stadt unter der Bedingung vermacht, daß sie ihm ein Grab-Denkmal setze. Und das tat sie denn auch.

Noch Herzog Karl Wilhelm Ferdinand hatte die Befestigung rund um Braunschweig abreißen lassen und den Architekten Peter Joseph Krahe mit der Anlage von Wallpromenaden beauftragt.

Das 1843/45 von Carl Theodor Ottmer errichtete zweite Bahnhofsgebäude am Friedrich-Wilhelm-Platz. Es ist heute Direktionsgebäude der Nord/LB.

1831 waren diese Arbeiten vollendet worden. Genau im Süden dieses Wallringes entstand nun im Jahre 1838 Braunschweigs Bahnhof, gebaut von Carl Theodor Ottmer, der Herzog Wilhelm auch ein neues Schloß entworfen hatte, anstelle des abgebrannten „Grauen Hofs" von Karl II. Initiator des Bahnprojektes Braunschweig-Wolfenbüttel-Harzburg war der Geheime Legationsrat August Philipp von Amsberg, später Generaldirektor des Eisenbahn- und Postwesens. Der 30. November 1838 war der große Tag: Herzog Wilhelm fuhr zusammen mit seinem Hofstaat mit der Eisenbahn nach Wolfenbüttel. Die Lokomotiven „Advance" und „Swift" stammten aus England. Einen prunkvollen Salonwagen gab es natürlich noch nicht. Man stellte einfach eine Kutsche des Herzogs auf einen schlichten Plattformwagen, während sich das Gefolge auf die Waggons verteilte. 20 Minuten dauerte die Fahrt. Nach einem Frühstück ging es wieder zurück. Herzog Wilhelm war begeistert. Am 1. Dezember 1838 nahm die Bahn, die erste deutsche Staatsbahn, ihren Betrieb auf, und bereits 1843 mußte Ottmer ein größeres Bahnhofsgebäude bauen.

Touristische Tips

Man kann das damalige Braunschweiger Stadtgebiet – heute ist es die Innenstadt – auf dem von Peter Joseph Krahe geschaffenen Wallring noch umwandern, obwohl dieser Ring jetzt an einigen Stellen von Ausgangsstraßen durchschnitten ist. Geht man langsam, braucht man dazu etwa zweieinhalb Stunden, vielleicht auch weniger. Im Süden steht das Bahnhofsgebäude von Carl Theodor Ottmer aus dem Jahr 1843 – allerdings nur die Nordfassade und die beiden dreiachsigen Seitenfronten. Die Reste der durch Bomben zerstörten Halle wurden abgerissen, nachdem im Jahre 1960 der Bahnbetrieb eingestellt worden war. Der Kopfbau steht unter Denkmalschutz und wird – völlig neu ausgebaut – von der Norddeutschen Landesbank als Direktionsgebäude genutzt.
Reiterstandbilder von Karl Wilhelm Ferdinand und Friedrich Wilhelm, die einst vor dem Schloß am Bohlweg errichtet waren, haben an der Kurt-Schumacher-Straße einen neuen Platz gefunden. Gleich dahinter ist der Löwenwall mit dem Obelisk zu Ehren dieser beiden Herzöge.

Information

Niedersächsisches Staatsarchiv, Forstweg 2, 38442 Wolfenbüttel, Tel.: 05331/935-0
Städtisches Museum, Am Löwenwall, 38100 Braunschweig, Tel.: 0531/4704508

Mit zwei PS auf Schienen über Stock und Stein

Daten aus der Geschichte

1835 Der Fabrikant Samuel Colt erfindet den Trommelrevolver, der später im amerikanischen Westen Geschichte gemacht hat

1840 Am 22. Februar wird in Köln August Bebel, sozialdemokratischer Parteiführer, geboren

1846 Der englische Maler und Graphiker John Calcott Horsley entwirft die erste illustrierte Weihnachtskarte

1847 Der „Struwwelpeter" des Arztes Heinrich Hoffmann erscheint

1848 Märzrevolution in Deutschland und Österreich mit dem Ziel einer demokratischen Verfassung (in Braunschweig keine großen Zwischenfälle). Die Karlsbader Beschlüsse von 1819 (politische Überwachung der Universitäten, verschärfte Zensur) werden abgeschafft. In der Frankfurter Paulskirche tritt die Deutsche Nationalversammlung zusammen

Die Stadt Braunschweig wuchs. Fast 40 000 Einwohner hatte sie im Jahre 1841. Im Jahre 1878 waren es schon mehr als 70.000. Gleichzeitig änderte sich ihr Gesicht. Seitenarme der Oker wurden verrohrt. Dadurch entstanden neue Straßen und Plätze – zum Beispiel der Friedrich-Wilhelm-Platz, der dann zum Bahnhofsvorplatz wurde, sowie Friedrich-Wilhelm-Straße und Münzstraße. Und gerade über diese Straßen sollte durch eine Pferdebahn der Bahnhof besser und schneller erreicht werden.

In England hatte die Firma James Leslie Walker ein völlig neues Lochschienen-System des Architekten Edge im Angebot. Warum sich die Stadt Braunschweig ausgerechnet für dieses entschied, weiß heute niemand mehr. Vermutlich war es billiger, denn den Engländern lag daran, das Edge-System in der Praxis zu erproben. So wurde also eine „City of Brunswick Tramway Company Ltd." gegründet, die zwei Linien bauen und betreiben sollte: Linie 1 vom Fallersleber Tor über Hagenmarkt, Bohlweg, Damm, Hutfiltern und Kohlmarkt durch die Friedrich-Wilhelm-Straße zum Bahnhof; Linie 2 vom Bahnhof über den heutigen Bruchtorwall und Augusttor in die Wolfenbütteler Straße bis Richmond.

Am 11. Oktober 1879 erfolgte dann auf der einzigen bis dahin fertiggestellten zwei Kilometer langen Strecke, vom Bahnhof bis zum Fallersleber Tor, die Probefahrt mit 100 geladenen Gästen. Am Tage darauf wurde der Betrieb eröffnet. Doch das Lochschienen-System erwies sich als Flop. Der Gedanke war gewesen, daß Zapfen an den Rädern der Wagen in die Löcher greifen sollten, um so den Wagen in der Spur zu halten. Der Nachteil der Rillenschiene, nämlich daß die Räder anderer Fuhrwerke oder auch Passanten mit ihren Schuhen in die Rillen gerieten, entfiel bei den Lochschienen.

Die erste Fahrt der ersten Pferdebahn am 11. Oktober 1879 vom Bahnhof über den Friedrich-Wilhelm-Platz zum Fallersleber Tor

Aber das funktioniert nicht. Bei ungleichmäßigem Gang der Pferde sprangen die Wagen aus den Schienen und rumpelten auf eigenem Kurs weiter, an Kurven ohnehin oft genug. Kutscher und Fahrgäste mußten dann den Wagen wieder ins Gleis wuchten. Manchmal auch blieben die Tiere mit ihren Hufeisen in den Schienenlöchern stecken und rissen sich die Eisen ab. Und dann waren da natürlich noch die „Löken", die frechen Braunschweiger Jungs, die heimlich die Löcher in den Schienen verstopften und dann das unweigerliche Entgleisen der Wagen bejubelten.

Am 1. Juli 1880 war es die Stadt

leid. Sie entzog der Gesellschaft die Betriebserlaubnis und forderte sie auf, ihre Lochschienen binnen dreier Monate zu entfernen. Der Fuhrmann Louis Fricke, der dem Unternehmen die Pferde stellte, hatte inzwischen seine Tiere zurückgehalten, weil sie wegen des schlechten Zustands der Gleise die Wagen nicht mehr hatten ziehen können, und als Sicherheit für nicht bezahlte Rechnungen über 1 400 Mark alle Wagen beschlagnahmen lassen.

Doch sehr bald ging es weiter – mit einer anderen Gesellschaft und auf Rillenschienen. Die Pferdebahn rollte über 8,5 Kilometer Gleislänge und mit 65 Pferden schon ab Juli 1881. Von 8 bis 22 Uhr fuhr alle zehn Minuten ein Wagen ab. Später waren es 14 Kilometer, über die 100 Pferde ihre Wagen auf mehreren Linien zogen. Bis zum Jahr 1897, dann kam „die Elektrische“, wie manche alten Braunschweiger noch heute sagen.

Zunächst herrschte Skepsis. Die Oberleitungsdrähte seien ein „unschöner Anblick“, meinten manche Stadtverordneten. Andere gaben zu bedenken, daß diese Oberleitungen die Feuerwehr beim Löschen behindern könnten. Aber im November 1896 wurde die Konzession erteilt. Die AEG betrieb die Elektrifizierung und brauchte dafür nur sechs Monate. Zur Stromerzeugung für die Bahn mußte in Richmond ein besonderes Kraftwerk gebaut werden. Am 28. Oktober 1897 wurde der elektrische Straßenbahnbetrieb für die Öffentlichkeit freigegeben – ein Fest für die Braunschweiger. Sie stürmten förmlich die Waggons. Am ersten Tag fuhren 1 722 Personen mit der „Elektrischen“ – und das an einem normalen Arbeitstag. Am ersten Sonntag waren es dann 7 640 Fahrgäste. In der Folgezeit wurde dann das Netz auf acht Linien ausgebaut.

Straßenbahn am Hagenmarkt um die Jahrhundertwende

Touristische Tips

Die Braunschweiger Verkehrs-AG bietet Gruppenfahrten über das Stadtnetz der Straßenbahn mit einem Oldtimer-Straßenbahnzug aus dem Jahre 1940 an. Wer an Bord feiern will, muß allerdings Speisen und Getränke mitbringen. Sonderfahrten mit Oldtimer-Eisenbahnen stehen regelmäßig auch auf dem Programm des Vereins Braunschweiger Verkehrsfreunde e. V., die die Braunschweigische Landes-Museums-Eisenbahn betreibt. Einen umfangreichen Bestand an historischen Fahrzeugen unterhält der Verein auf seinem Gelände an der Borsigstraße.

Information

Braunschweiger Verkehrs-AG, Taubenstraße 7, 38106 Braunschweig, Tel.: 0531/383-0, Fax: 0531/383-2644

Städtisches Museum, Am Löwenwall, 38100 Braunschweig, Tel.: 0531/4704508

Verein Braunschweiger Verkehrsfreunde e. V., Postfach 4724, 38037 Braunschweig, Tel.: 0531/692002

Straßenbahnzug der neuesten Bauart

Dr. h.c. und Ehrensenator der Technischen Hochschule Braunschweig: Heinrich Büssing

Daten aus der Geschichte

1838 Der Buchhändler Georg Westermann aus Leipzig eröffnete in Braunschweig den Westermann-Verlag. Zunächst verlegte er schöne Literatur sowie sprachliche und historische Werke. 1853 erschien der erste Atlas, 1856 Westermanns Monatshefte. Hauptgebiete sind heute Schulbücher, Lehrmaterialien und Atlanten

1850 Eine Cholera-Epedemie forderte in Braunschweig mehr als 1 000 Tote

1871 Der Getreidekaufmann Wilhelm Bracke, bedeutendste Persönlichkeit der Braunschweiger Arbeiterbewegung, gründete einen eigenen Verlag und die Tageszeitung „Braunschweiger Volksfreund"

1872 Am 1. Oktober starb der Braunschweiger Herzog Wilhelm auf Schloß Sybillenort (Herzogtum Oels) im Alter von 78 Jahren. Da er keine Erben hinterließ, wurde 1885 Prinz Albrecht von Preußen zum Regenten gewählt. Nach dessen Tod 1906 folgte als Regent Herzog Johann Albrecht von Mecklenburg bis 1913

1887 Der Ausbau der Burg Dankwarderode nach Plänen von Ludwig Winter begann. Das ursprüngliche Gebäude war **1873** als Kaserne ausgebrannt und nur noch eine Ruine. Winters Rekonstruktion im Stil des Historismus wurde **1906** endgültig fertig. Da die Stadt gegen den Bau gewesen war, hatte der Regent Prinz Albrecht ihn privat finanziert

1897 Ludwig Winters neues Rathaus am Langen Hof wird fertiggestellt

Busse, Dosen und Maschinen

Am 3. Juni 1904, einem Freitag, brauste bei schönstem Sommerwetter ein seltsames Gefährt in Gelb und Weiß über die Chaussee von Braunschweig in Richtung Wendeburg – mit einer Geschwindigkeit von 25 Kilometern in der Stunde. Die Bauern auf den Feldern staunten. Es war die Probefahrt des ersten Omnibusses von Heinrich Büssing. Am 29. Juni 1843, als Sohn des Hufschmieds von Nordsteimke nordöstlich von Braunschweig, in das beginnende technische Zeitalter hineingeboren, hatte er den Bus in seiner 1903 gegründeten „Motorlastwagen- und Motorenfabrik" gebaut. Am 5. Juni 1904 nahm seine Buslinie den fahrplanmäßigen Betrieb zwischen Wendeburg und Braunschweig auf, die erste „Kraftpostomnibuslinie" der Welt.

Den entscheidenden Schub hatte die Industrialisierung in Braunschweig durch die von Herzog Wilhelm geförderte Landwirtschaft erhalten. Die Verarbeitung der heimischen Agrarprodukte – anfangs vor allem Spargel – erfolgte in den überall entstehenden Konservenfabriken. 1852 hatte P.W. Daubert in Braunschweig die erste gegründet. Bis zum Jahre 1900 folgten 34 weitere. Hinzu kamen die Zuckerfabriken, die jetzt den Zucker aus Rüben gewannen. Höhere Getreideerträge führten zum Ausbau des Mühlenwesens. Für alle diese entwickelte und baute eine sich stetig ausweitende Maschinenbau-Industrie die Ausrüstung: Karges und Hammer, Bremer und Brückmann, Selwig & Lange, Gebrüder Wehrstedt, Julius Klinghammer.

Gottlieb Luther in Wolfenbüttel, ein gelernter Müller, machte zusammen mit seinem Sohn Hugo in Braunschweig aus seiner Reparaturwerkstatt ein weltweit arbeitendes Unternehmen, das schließlich ganze Industrie- und Hafenanlagen erstellte. Konkurrenz entstand ihnen mit der „Braunschweigischen Mühlenbauanstalt Amme, Giesecke und Konegen", die zur größten Mühlenbauanstalt Europas wurde. Die Waggonfabrik Fr. Seele & Co. stieg auf den Bau von Maschinen für Zuckerfabriken um. Aus ihr wurde

Auf dem Hof der Fabrik Heinrich Büssings nahe der Wolfenbütteler Straße wird ein Bus gewartet

Ein frühes Bus-Modell von Heinrich Büssing. Von 1904 an verkehrte der Bus fahrplanmäßig zwischen Braunschweig und Wendeburg. Das Foto zeigt einen Nachbau

die heutige BMA. Aufträge erhielten die Maschinenbauer auch von der neuen Blechverpackungsindustrie, die Dosen und andere Behältnisse für die Konservenfabrik herstellte: F. Ch. Unger, A. Runge, Schmalbach, in Seesen Fritz Züchner und viele andere.

Aber auch andere Unternehmen entstanden: Die Panther-Werke für Fahrräder, August Wilkes „Dampfkessel- und Gasometerfabrik" sowie mehrere Großbrauereien. Voigtländer verlegte seine optische Fabrik von Wien nach Braunschweig und baute die ersten Metallkameras der Welt. Der Klavierbauer Steinweg siedelte von Seesen nach Braunschweig über (später Grotrian-Steinweg), wo Zeitter & Winkelmann bereits Klaviere herstellte. Hermann Buchler gründete die erste Zuckerraffinerie in der Stadt und errichtete gleichzeitig eine Fabrik zur Herstellung von Alkaloiden (Chinin, Kokain). Die Firma Grimme, Natalis & Co. baute ursprünglich Nähmaschinen, von 1892 an als Brunsviga erfolgreich, die von Franz Trinks erfundenen, Kurbelrechenmaschinen. Und es gab die Eisenbahnsignal-Bauanstalt des Max Jüdel. Somit sind wir wieder bei Heinrich Büssing.

Der Schmiedegeselle Büssing holte sich theoretisches Wissen am Collegium Carolinum als Gasthörer. Bis 1866 blieb er dort. Im gleichen Jahr meldete er sein erstes Patent an, eine Lüftungsanlage im Eisenbahnbetrieb. Für seine „Velocipedes", seine Holzfahrräder mit Eisenreifen, fand er indes keine Abnehmer. Als die Bahn ihn zwei aus England importierte Stellwerke in Jerxheim und Börßum errichten ließ, ging es endlich bergauf. Büssing gründete eine Eisenbahnsignal-Bauanstalt, in die 1873 der Kaufmann Max Jüdel finanziell und als kaufmännischer Leiter einstieg und die fortan Max Jüdel & Co. firmierte. Büssing war der technische Leiter.

Bis 1903. Dann suchte sich der Konstrukteur Büssing – inzwischen 60 Jahre alt und Millionär mit einer Vielzahl von Patenten – ein anderes Betätigungsfeld: Er baute Lastwagen und Busse. Die Firmen Jüdel und Büssing errangen Weltgeltung und produzieren noch heute, wenn auch unter anderen Namen: Jüdel ist in Siemens aufgegangen, und MAN in Salzgitter baut jetzt Büssings Laster und Busse. Den Burglöwen, Büssings Markenkennzeichen seit 1913, den tragen die Fahrzeuge noch immer.

Touristische Tips

Das Geburtshaus von Heinrich Büssing in Nordsteimke ist zum Museum gemacht worden, in dem anhand von Dokumenten, Modellen und Fotos der Lebensweg des Erfinders und Industriellen verfolgt werden kann. Auch die Schmiede seines Vaters, in der Heinrich Büssing seine Lehrzeit verbracht hat, ist neu hergerichtet (geöffnet sonntags von 14 bis 17 Uhr).

Nordsteimke, etwa eine halbe Stunde von Braunschweig entfernt, gehört heute zu Wolfsburg. Dort lohnt sich ein Besuch des „Auto-Museums" (Dieselstraße 35, 38446 Wolfsburg, Tel.: 05361/52071). Auf 5 000 Quadratmetern werden 140 Exponate, überwiegend historische Fahrzeuge gezeigt. Eine Besonderheit ist auch das Wolfsburger Planetarium.

In Braunschweig ist das Gelände der ehemaligen Büssingwerke, heute an der Böcklerstraße, weitgehend restauriert worden. In dem jetzigen „Heinrich-Büssing-Hof" sind Werbeagenturen, High-Tech-Firmen, Werkstätten und Ateliers eingezogen. Er gilt als eine gute Adresse.

An die Mühlenbautradition knüpft die Deutsche Müllerschule an, die in der Wolfenbütteler Straße in einem Teil der ehemaligen Hitlerjugend-Führungsakademie untergebracht ist. Sie ist die einzige Mühlen- und mühlenbautechnische Fachschule in Europa. Bei Gifhorn nördlich von Braunschweig ist auf einem großen Freigelände ein Mühlenmusem eingerichtet.

Information

Stadtarchiv, Löwenwall 18 B,
38100 Braunschweig, Tel.: 0531/470-4711

Industrie- und Handelskammer,
Brabandtstraße 11, Tel.: 0531/4715-0

Das ehemalige Werksgelände ist heute als Heinrich-Büssing-Hof eine gefragte Adresse von Firmen, Ateliers und Studios. Einige noch alte Fabrikgebäude stehen unter Denkmalschutz

Anfang und Ende

Herzog Ernst August von Braunschweig und Lüneburg und Herzogin Viktoria Luise beim Einzug in ihre Residenz am 3. November 1913

Daten aus der Geschichte

1913 Paul von Lettow-Vorbeck wird Kommandeur von Deutsch-Ostafrika

1914 Eröffnung des Panamakanals

1914 Am Augustplatz in Braunschweig wird die Knabenmittelschule als erste Schule dieser Art im Herzogtum eröffnet

1914–1918 Erster Weltkrieg

1915 Ein deutsches U-Boot versenkt vor der irischen Küste den britischen Ozeandampfer „Lusitania“. Mehr als 1.000 Passagiere ertrinken. Das Schiff hatte auch Munition an Bord

1916/17 Braunschweigs Flugplatz in Broitzem wird errichtet

Hochstimmung herrschte am 3. November 1913 in Braunschweig. In der mit Fahnen, Blumen, Transparenten und Girlanden geschmückten Stadt begrüßten die Bürger jubelnd ihr neues Fürstenpaar: den Welfen Ernst August, Herzog zu Braunschweig-Lüneburg, und Herzogin Viktoria Luise, aus dem Hause Hohenzollern, Tochter von Kaiser Wilhelm II. und Kaiserin Auguste Viktoria.
Gegen Mittag war der Sonderzug im Braunschweiger Hauptbahnhof eingetroffen. In einer sechsspännigen Gala-Equipage, begleitet von einer Eskadron Braunschweiger Husaren, fuhr das Paar zum Friedrich-Wilhelm-Platz. Dort begrüßte Oberbürgermeister Hugo Retemeyer den Herzog und seine junge Frau an einer Ehrenpforte.
Dann ging die Fahrt weiter durch die Innenstadt zum Residenzschloß am Bohlweg – allerdings nicht direkt, sondern auf verschlungenem Kurs, denn das Volk sollte sein neues Herrscherpaar sehen und begrüßen können: zum Bankplatz, dann über Brabandtstraße und Altstadtmarkt zur Martinikirche, weiter durch Garküche, Poststraße, Schuhstraße zum Burgplatz, von dort zum Hagenmarkt und über Bohlweg, Dankwardstraße, Langer Hof schließlich auf das Schloßgelände. Die Menge jubelte, Chöre sangen, Kinder brachten Blumen. Weit über 100 000 Menschen auch aus der Umgebung waren herbeigeströmt. Sogar aus Hannover rollten Extrazüge an.
Ein knappes Jahr nach diesem triumphalen Empfang – am 4. August 1914 – begann der erste Weltkrieg. Ernst August mußte gleich zu Beginn militärische Aufgaben übernehmen. Geplante Regierungsvorhaben blieben demzufolge liegen, so auch eine den veränderten sozialen und politischen Verhältnissen angepaßte Landesverfassung mit Einführung eines allgemeinen und gleichen Wahlrechts.
Bereits im Mai 1916 kam es wegen der schlechten Versorgungslage zu Unruhen in der Stadt. Am 7. November 1918 brach dann die Revolution auch in Braunschweig aus. Am 8. November erschien eine Delegation des Arbeiter- und Soldatenrates unter Führung des gelernten Schneiders und spartakistischen Politikers August Merges im Residenzschloß und forderte vom Herzog die Abdankung. Was im einzelnen geschah, davon erzählte später der ehemalige Matrose Friedrich Schubert, Mitglied der Delegation: „Ein Lakai brachte uns nach oben in ein großes Zimmer. Der Herzog hat uns richtig freundschaftlich begrüßt, als wenn wir Kameraden gewesen wären. Wegen der Abdankung bat er um 20 Minuten Bedenkzeit, kam dann aber früher zurück. Er brachte eine Kiste mit und bot uns daraus Zigarren an. Und dann hat der Herzog gesagt, er habe soeben aus Berlin erfahren, daß der Kaiser und Oberste Kriegsherr auf den Thron verzichtet habe. Er – Ernst August – fühle sich daher nicht mehr an seinen Eid gebunden und werde die Abdankungsurkunde unterzeichnen…“
So geschah es dann in Anwesenheit von Justizminister

Parade Braunschweiger Truppen auf dem Schloßplatz am Bohlweg vor dem neuen Herzogspaar

Delegation des Arbeiter- und Soldatenrates, die Herzog Ernst August am 8. November 1918 zur Abdankung zwang. Dritter von links der Spartakistenführer August Merges, rechts außen der Matrose Friedrich Schubert

Carl Wolff und den herzoglichen Vertrauten Dr. Paul Knoke, Freiherr Knigge und Herrn von Grone als Zeugen. Am 10. November proklamierte der von den Unabhängigen Sozialisten (USPD) beherrschte Arbeiter- und Soldatenrat mit August Merges an der Spitze die „Sozialistische Republik Braunschweig". Merges wurde zu ihrem Präsidenten gewählt. Der bayerische Redakteur und USPD-Politiker Sepp Oerter wurde Vorsitzender des Rates der Volkskommissare (Minister) und hielt somit die Regierungsgewalt in seinen Händen.
Eine gleichfalls beschlossene Wahl für eine neue Landesversammlung (Landtag) am 22. Dezember brachte der USPD eine Schlappe: Rund 7000 Stimmen mehr erhielten die Mehrheitssozialisten, die Sozialdemokraten, unter Dr. Heinrich Jasper. Oerter blieb nur noch die Chance einer Koalitionsregierung.
Die Folgezeit brachte harte politische Auseinandersetzungen, Unruhen und Streiks. Im April 1919 rückte dann auf Anordnung der Reichsregierung das Freiwillige Jäger-Korps des Generalmajors Maercker in Braunschweig ein. Der General erklärte die Landesregierung unter Oerter für abgesetzt sowie den Arbeiter- und Soldatenrat für aufgelöst. Ohne Widerstand retteten also vormals Truppen des Kaisers in Braunschweig die parlamentarische Demokratie.

Touristische Tips

Das Residenzschloß am Bohlweg ist, durch Luftangriffe auf die Stadt im Zweiten Weltkrieg schwer beschädigt, nach langen und hitzigen Debatten im Jahre 1960 abgerissen worden. Der Platz wurde in einen Grünanlage umgewandelt mit Bänken, Sitzgruppen und einem Café. Vier Kapitelle des Schloßportikus sind im Becken einer Springbrunnenanlage innerhalb dieses Schloßparks die einzigen Überbleibsel an dieser Stelle.
Mobiliar aus dem Schloß befindet sich im Landesmuseum, im Städtischen Museum und im Herzog Anton-Ulrich-Museum. Teile der Schloßausstattung sind auch im Schloß in Wolfenbüttel.
Die beiden Reiterstandbilder, die Herzog Carl Wilhelm Ferdinand und Herzog Friedrich Wilhelm darstellen und die seit 1874 auf dem Platz vor dem Schloß gestanden hatten, sind 1973 an der Kurt-Schumacher-Straße beim Löwenwall neu aufgestellt worden. Buntmetalldiebe hatten sie nach 1945 in den Trümmern des Schloßgeländes fast vollständig zerstört.

Information

Stadtbibliothek, Steintorwall 15, 38100 Braunschweig, Tel.: 0531/470-4601

Niedersächsisches Staatsarchiv, Forstweg 2, 38442 Wolfenbüttel, Tel.: 05331/935-0

Die Abdankungsurkunde von Herzog Ernst August

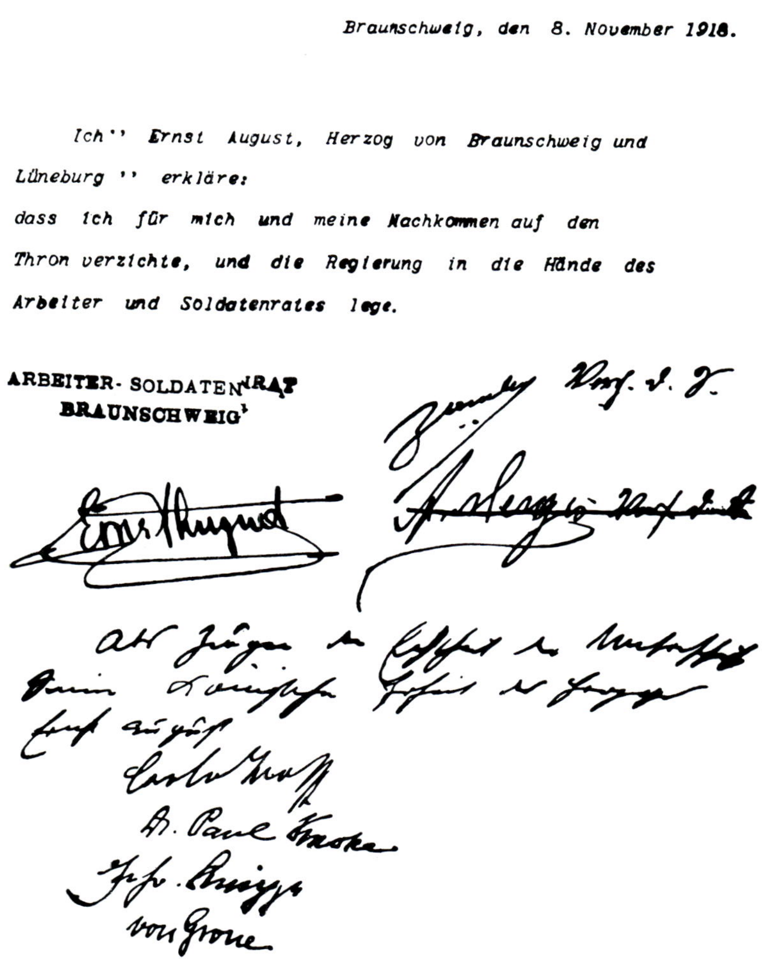

Braunschweig, den 8. November 1918.

Ich Ernst August, Herzog von Braunschweig und Lüneburg erkläre:
dass ich für mich und meine Nachkommen auf den Thron verzichte, und die Regierung in die Hände des Arbeiter und Soldatenrates lege.

ARBEITER- SOLDATENRAT
BRAUNSCHWEIG

Daten aus der Geschichte

1918 In Deutschland wird der gesetzliche Achtstunden-Arbeitstag eingeführt. Die Gesindeordnungen und die landesrechtlichen Ausnahmegesetze gegen Landarbeiter (enthielten Streik- und Koalitionsverbote) werden aufgehoben

1919 Generalstreik und Aufstand des kommunistischen Spartakusbundes in Berlin. Der Sozialdemokrat Gustav Noske wird Oberbefehlshaber aller Truppen in Berlin und wirft den Aufstand nieder

1920 Erste Segelflieger-Schule und erster Segelflugwettbewerb auf der Rhön

1920 Das Schloßmuseum im ehemaligen Residenzschloß am Bohlweg in Braunschweig wird eröffnet

1922 Der Freistaat Braunschweig erhält im Rahmen der Reichsverfassung ein republikanisches Staatsgrundgesetz, das die vorläufige Verfassung vom Februar 1919 ablöst

1927 Eröffnung des Nürburgringes in der Eifel

Die „Goldenen Zwanziger Jahre"

Es gab die „Goldenen Zwanziger Jahre" natürlich auch im Braunschweiger Land, das nun ein Freistaat war, und wie anderswo waren sie durchaus nicht besonders „golden". Massenarbeitslosigkeit und wachsende Armut bestimmten hier, wie im übrigen Deutschland, den Alltag. Andererseits aber entwickelte sich ein kulturelles Leben von unglaublicher Vielfalt. Neue geistige und künstlerische Strömungen brachen aus der Beengtheit der bisher von der Gesellschaft vorgezeichneten Denk-Schemata und Verhaltensweisen aus. Für Braunschweig waren diese „Goldenen Zwanziger" auch eine Periode kultureller Gipfelerlebnisse.

Das Theater – nun Landestheater – brachte bis zu 59 Ur-, Erst- und Neuaufführungen in einer Spielzeit heraus. Von 1920 an gab es dann auch die „Kammerspiele" mit 340 Zuschauerplätzen im zweigeschossigen ehemaligen Ballsaal des Residenzschlosses, wo besonders auch zeitgenössische Autoren aufgeführt wurden.

Es gab Gastspiele bedeutender Künstler. Mary Wigman und Gret Palucca tanzten in Braunschweig. Sänger kamen, Schauspielgruppen und Dichter. Wilhelm Furtwängler gastierte mit den Berliner Philharmonikern.

Im „Wilhelmsgarten" an der Katharinenkirche, ursprünglich ein Palais und später ein sogenanntes Gesellschaftshaus mit mehreren Sälen und Veranstaltungsräumen, entstand 1929 ein Operetten-Theater. Man ging zu Bällen, Faschingsfeiern und Künstlerfesten nach „Brünings Saalbau", in den „Hofjäger", ins „Schützenhaus" oder ins „Konzerthaus", auch nach „Holsts Garten" und ins „Café Lück". Der Kunstsammler Otto Ralfs gründete 1924 die „Gesellschaft der Freunde junger Kunst", die zahlreiche bedeutende Ausstellungen veranstaltete. Und vieles mehr.

Die Wirtschaft lag zunächst brach und erholte sich nur sehr zögerlich. Aber es gab verheißungsvolle Ansätze. 1920 entstand die Kamerafabrik „Franke und Heidecke", die spätere „Rollei", 1926 die Nibelungen-Wohnbau GmbH, die das Siegfriedviertel baute. Die Pianofabrik Schimmel siedelte 1929 aus Leipzig nach Braunschweig über. In dieser Zeit entwickelte sich auch die Maschinenfabrik Grimme, Natalis & Co. (Kastanien-

Kurz nach dem 1. Weltkrieg entstanden die ersten Bauten des Siegfriedviertels im Norden Braunschweigs. 1926-1931 schuf die 1926 gegründete Nibelungen Wohnbau GmbH den Kernbereich um den Burgundenplatz (Ausschnittfoto) in mehrgeschossiger Bebauung

In äußerlich strenger Anlehnung an alte Pläne ist am Eiermarkt an der Stelle des zerbombten Braunschweiger Landtagsgebäudes dieser Neubau entstanden, der das Amtsgericht beherbergt. Nur vier Säulen sind noch Originale aus Herzogs Zeiten (oben)

Plakate zur Landtagswahl 1930 (rechts)

allee) zum größten Rechenmaschinen-Hersteller in Europa. Dem standen Niedergänge entgegen, bei Büssing beispielsweise und bei der optischen Fabrik Voigtländer, denen die Umstellung auf Friedensproduktion Schwierigkeiten bereitete. Das politische Fundament war brüchig. Seit 1927 wurde das Land Braunschweig sozialdemokratisch regiert, obwohl die SPD mit Dr. Heinrich Jasper sich auf keine Mehrheit stützen konnte. Es war eine Patt-Situation: den 24 SPD-Abgeordneten standen 24 Abgeordnete aller übrigen Parteien gegenüber (darunter zwei der KPD und nur einer der NSDAP). Diese Regierung hatte nur deshalb überdauern können, weil sie sich bei vielen Entscheidungen auch auf die Stimmen der bürgerlichen Mitte hatte stützen können.

Das sollte anders werden, wenn am 14. September 1930 ein neuer Landtag gewählt werden würde. Die SPD strebte natürlich eine solide Mehrheit an, während die konservativen Parteien und Gruppierungen die Sozialdemokraten aus jeglicher Regierungsverantwortung heraushaben wollten, sogar auch als möglichen Koalitionspartner. Mit einer Bürgerlichen Einheitsliste (BEL) sollte das erreicht werden. Dieser Plan mißlang. Zwar gelang es, die SPD-Regierung des Landes Braunschweig aus dem Sattel zu heben, aber der Stimmenanteil der BEL blieb weit hinter den Erwartungen zurück. Die SPD erhielt 41% der Stimmen, die BEL 26, NSDAP 22, KPD 6,8 und DDP (Staatspartei) ein Prozent. Sitzverteilung im auf 40 Abgeordnete reduzierten Parlament: SPD 17, BEL 11, NSDAP 9, KPD 2, Staatspartei 1. Eine Regierung konnten die Bürgerlichen also nur in Koalition mit den Nationalsozialisten bilden.

Die Nazis beanspruchten für sich das Innen- und das Volksbildungsministerium, und die BEL gab nach. Mit dem Innenministerium hatten die Nationalsozialisten die Polizei und das Personalwesen unter Kontrolle, mit dem Volksbildungsministerium ein Propagandainstrument. Die Nazis hatten den Fuß in die Tür zur Macht gestellt.

Wie Hitler Deutscher wurde

Es existiert noch eine Abmeldebescheinigung: Von Braunschweig, Hohetorwall 7, II. Stock, zog ein Mann nach Berlin, Wilhelmstraße. Als Beruf gab er an: Reichskanzler. Sein Name: Adolf Hitler. Datiert ist die Abmeldung mit 16. September 1933. Ein Jahr und sieben Monate hätte demnach dieser Mann in Braunschweig gelebt, denn die Anmeldung des „Regierungsrates“ Adolf Hitler stammt vom 26. Februar 1932. In Wahrheit hat Hitler nicht einen einzigen Tag in dieser Stadt gewohnt. Braunschweig sollte ihm nur als Sprungbrett zur Macht dienen.

Für den März 1932 war die Wahl des Reichspräsidenten angesetzt. Hitler erklärte sich auf Drängen seiner Parteifreunde bereit, gegen den noch amtierenden Präsidenten Hindenburg anzutreten. Dazu allerdings hätte er Deutscher sein müssen, und das war der 1913 nach Bayern ausgewanderte Österreicher zu jener Zeit nicht. Der Freistaat Braunschweig war das einzige Land in Deutschland, in dem die Nationalsozialisten mit in der Regierung saßen. Die sollten ihm nun zur deutschen Staatsbürgerschaft verhelfen.

Der Nazi-Innenminister und Volksbildungsminister Dietrich Klagges erhielt von seiner Parteiführung die Order, Adolf Hitler zum außerordentlichen Professor an der damaligen Technischen Hochschule zu machen, womit der dann gleichzeitig das deutsche Staatsbürgerrecht erhalten sollte. Keine leichte Aufgabe für Klagges. Zwar war gerade die Professur für Pädagogik vakant, aber eine Berufung hätte nur durch die Hochschule selbst erfolgen können. Deren Senat aber lehnte entschieden ab.

Klagges wollte nun diese vakante Professur in eine für Politik umwandeln. Damit wäre ein neuer Lehrstuhl geschaffen worden, den zum ersten Mal zu besetzen tatsächlich das ausschließliche Recht des Ministeriums wäre. Doch führende Vertreter des Koalitionspartners in der Regierung, des konservativen Bündnisses Bürgerliche Einheitsliste (BEL), ließen Klagges gegenüber keinen Zweifel daran, daß sie bei einer Berufung Hitlers zum TH-Professor die Unterschrift des deutschnationalen Staatsministers Dr. Werner Küchenthal, der die Ernennung gegenzeichnen mußte, nicht decken würden.

Grundsätzlich bestanden gegen die Einbürgerung Hitlers bei den Bürgerlichen Parteien keine Bedenken, aber Ernennungen nur zum Schein oder gar Schiebungen wollten sie nicht decken. Die Initiative ergriff daraufhin der NS-Landtagspräsi-

Daten aus der Geschichte

1929 (29.10. und 13.11.) Kursstürze an der New Yorker Börse lösen eine tiefe Weltwirtschaftskrise mit schwerwiegenden politischen Folgen aus

1929 Erich Kästner veröffentlicht sein Kinderbuch „Emil und die Detektive“. Von Erich Maria Remarque erscheint der Antikriegsroman „Im Westen nichts Neues“

1930 Frankreich baut die Maginot-Linie als Verteidigungswerk gegen einen etwaigen Angriff Deutschlands. Max Schmeling wird durch Disqualifikation Jack Sharkeys in den USA Boxweltmeister im Schwergewicht. Er ist der erste Nicht-Amerikaner mit diesem Titel

1931 Am 10. und 11. Oktober kommen auf Initiative von Alfred Hugenberg (DNVP) als Vertreter rechtsgerichteter Organisationen Franz Seldte („Stahlhelm“), Adolf Hitler (NSDAP) sowie Mitglieder des „Reichslandbundes“ und Militärs in Bad Harzburg mit ihm zusammen. Diese „Harzburger Front“ will die Regierung Brüning stürzen und einer „nationalen Regierung“ den Weg ebnen. Hitler hatte nur widerwillig an dem Treffen teilgenommen. Er veranstaltete am 17. und 18. Oktober – also nur eine Woche später – in Braunschweig das größte machtpolitische Spektakel, das es bis dahin gegeben hatte: Mehr als 100 000 SA-Männer zogen nach einer Kundgebung über sechs Stunden in Marschblöcken an dem „Führer“ vorbei und durch die Straßen der Stadt. Damit unterstrich Hitler seinen Machtanspruch auch gegenüber der „Harzburger Front“

Hitler als Pädagogik-Professor: Karikatur im sozialdemokratischen „Vorwärts“

Die Rimpausche Villa an der Wolfenbütteler Straße, 1881 für den reichen Kaufmann Rimpau gebaut, wurde als „Adolf-Hitler-Haus“ Sitz der Kreisleitung Braunschweig-Stadt der NSDAP

dent und Reichstagsabgeornete Ernst Zörner, dessen Familie einen Kolonialwarenhandel auf der Gördelinger Straße mit mehreren Filialen hatte. Zörner zog seinen Schwager Carl Heimbs („Kaffee-Heimbs“), IHK-Vizepräsident und im Vorstand der Deutschen Volkspartei (DVP), zu Rate. Der und sein Parteifreund Dr. Wessel arrangierten es, daß Hitler ein Amt an der braunschweigischen Gesandtschaft beim Reichsrat in Berlin erhielt: Als Regierungsrat beim Landeskultur- und Vermessungsamt wurde er Sachbearbeiter für wirtschaftliche Fragen des Landes Braunschweig. So erhielt Adolf Hitler die Staatsangehörigkeit des Freistaates Braunschweig und damit automatisch die deutsche Staatsbürgerschaft.
Seinen Posten in der Gesandtschaft dürfte er ebensowenig angetreten haben wie er in jenem Haus Hohetorwall 7, II. Stock, gewohnt hat. Besitzer war damals eine Erbengemeinschaft, zu der eben jener Ernst Zörner gehörte und der dort auch wohnte – Carl Heimbs übrigens auch. Eine Scheinadresse Hitlers also.
Zum Reichspräsidenten wurde Hitler nicht gewählt. Paul von Hindenburg, der bisherige Reichspräsident, erhielt wieder die Mehrheit der Stimmen. Aber eben dieser Reichspräsident ernannte nach langem Zögern Hitler am 30. Januar 1933 zum Reichskanzler: Ein Terrorregime nahm seinen Anfang. Unmittelbar nach dem Tode Hindenburgs im August 1934 vereinigte Hitler die Ämter von Präsident und Kanzler und macht sich selbst zum „Führer“. Die gnadenlose Verfolgung politischer Gegner setzte auch im Freistaat Braunschweig ein. Im März 1933 überfielen SA und SS – zuvor von dem Nazi-Innenminister und späteren Ministerpräsidenten Dietrich Klagges zur Hilfspolizei erklärt – das Volksfreundhaus, die Zentrale der Braunschweiger SPD in der Schloßstraße und wenige Wochen später das AOK-Gebäude am Fallersleber Tor, das zu einem Teil von dem Frontkämpferverband „Stahlhelm“ belegt war. Es gab Tote und Verletzte. Das war der Anfang.

Touristische Tips

Dicht vor dem ehemaligen Augusttor auf der Wolfenbütteler Straße, heute nahe dem John-F.-Kennedy-Platz, baute der bekannte Braunschweiger Architekt Constantin Uhde 1881 eine Villa für den reichen Kaufmann Arnold Rimpau. Der in formaler Anlehnung an die italienische Hochrenaissance errichtete Bau mit einem repräsentativen Park entlang des Okerarmes war zwischen 1930 und 1945 unter dem Namen „Adolf-Hitler-Haus“ Sitz der Kreisleitung Braunschweig-Stadt der NSDAP und enthielt diverse Dienststellen der Partei. Heute ist in dem Haus das Sozialgericht untergebracht. Der Park wurde zur öffentlichen Anlage umgestaltet. Die prunkvolle Ausstattung des Hauses ist sehenswert.
Von dort aus sind das Städtische Museum am Löwenwall wie auch Stadtbibliothek und Stadtarchiv zu Fuß in wenigen Minuten zu erreichen.
Der Weg führt dabei über einen kurzen Abschnitt des idyllischen Wallringes, den Anfang des 19. Jahrhunderts der Architekt Peter Joseph Krahe auf dem Gelände der alten Stadtbefestigung als Promenade geschaffen hat.

Information

Stadtbibliothek, Steintorwall, 15, 38100 Braunschweig, Tel.: 0531/470-4601

SS-Wache vor dem Schloß Bohlweg. Im Jahre 1935 richteten die Nazis im Residenzschloß der Braunschweiger Herzöge eine SS-Führerschule ein. Es war das gleiche Jahr, in dem die „Nürnberger Gesetze“ (erbbiologische und Rassengesetze) auf dem Parteitag der NSDAP verkündet wurden. Zudem wurde die Hakenkreuzfahne zur Nationalflagge erklärt und die allgemeine Wehrpflicht eingeführt. Vier Jahre später begann der Zweite Weltkrieg

Die Sonnenstraße mit der Martinikirche nach dem Vernichtungsangriff auf Braunschweig in der Nacht zum 15. Oktober 1944

Stadt unter dem Todesfächer

Der Zweite Weltkrieg machte Braunschweig und das Land ringsum zu einem Rüstungszentrum. Jagdflugzeuge und Flugzeugmotoren kamen aus Braunschweig. Panzer und Transportfahrzeuge wurden hier gebaut, ebenso Flak-Geschütze, U-Boot-Kanonen und optische Geräte. Im Salzgitter-Gebiet war von 1937 an der gewaltige Konzern „Reichswerke AG Hermann Göring" aus dem Boden gestampft worden. Hier wurde Erz gefördert und Stahl produziert. Von 1940 an verließen auch Bomben, Granaten, Panzergleitketten und Geschützrohre das Werk. VW baute in der „Stadt des K.d.F.-Wagens", dem heutigen Wolfsburg, den Kübelwagen, sozusagen den „Jeep" der deutschen Wehrmacht, und in Zweigbetrieben Teile der Raketenbombe V 1. So auch im Vorwerk in Braunschweig.
Den ungeheuren Bedarf an Arbeitskräften deckte der Staat zunächst durch Anwerbung im befreundeten Ausland, besonders in Italien. Später wurden Zwangsarbeiter aus den besetzten Ländern und Kriegsgefangene eingesetzt. Viele Fabriken hatten auf ihrem Betriebsgelände Unterkünfte für die bei ihnen beschäftigten „Fremdarbeiter".
Doch dann kamen auch Strafgefangene und vor allem KZ-Häftlinge. Schon 1940 wurde das berüchtigte „Lager 21", ein sogenanntes „Arbeitserziehungslager", bei Salzgitter-Hallendorf eingerichtet. Weitere Konzentrationslager im Raum Braunschweig entstanden von 1942 an, als Außenlager des KZ Neuengamme.
Bei solcher Rüstungskonzentration war es kein Wunder, daß Braunschweig weit oben auf der Zielliste der britischen Bomber stand, aber dann verlor das plötzlich weitgehend an Bedeutung. Die Royal Air Force (RAF) ließ nämlich von gezielten Angriffen auf bestimmte Objekte ab,

Daten aus der Geschichte

1938 In den USA wird Walt Disneys abendfüllender Zeichentrickfilm „Schneewittchen und die sieben Zwerge" fertiggestellt. Der Deutsche Rundfunk führt Magnetbandsendungen ein (1941 über 50% der Sendungen)

1939 Sieg der Faschisten im spanischen Bürgerkrieg mit deutscher Hilfe (Legion Condor). Am 4. April kapituliert Madrid. England und Frankreich erkennen das Franco-Regime an

1940 Die Sowjetunion liefert oppositionelle deutsche Kommunisten an Hitler-Deutschland aus, die sich gegen den am 23. August 1939 abgeschlossenen Nichtangriffspakt zwischen Moskau und Berlin ausgesprochen haben

1942 Enrico Fermi, italienischer Physiker und seit 1938 in den USA, gelingt die erste fortlaufende Erzeugung von Atomenergie durch Kettenreaktion der Uranspaltung. Der 2. Dezember 1942 gilt als Beginn des Atomzeitalters. Fermi arbeitete an der Atombombe mit

Blick von der Gördelinger Straße in die Neue Straße. Links das Geschäftshaus von Pfeiffer & Schmidt (heute ist dort die Dresdner Bank). Hinten rechts ist der Dom erkennbar

weil Tagesangriffe sich als zu verlustreich erwiesen hatten. Bei Nacht aber war die Trefferquote so niederschmetternd gering, daß es nur eine Lösung zu geben schien: Flächenwürfe auf ganze Städte oder Stadtviertel.
Die Stadt Braunschweig erlebte insgesamt 40 Angriffe. Zunächst kam es nur zu Einzelabwürfen. Erst am 27. September 1943 erfolgte der erste als „mittelschwer" eingestufte Angriff. Es gab 63 Tote. Dann aber trat die amerikanische Luftwaffe (USAAF) auf den Plan. Die Amerikaner hielten an ihrem System der Tagesangriffe auf militärisch wichtige Ziele fest. Der erste auf Braunschweig erfolgte am 11. Januar 1944 mittags. Mit erstaunlicher Genauigkeit wurde das Lutherwerk II in Bienrode getroffen, ein Werk für den Bau von „Me 110"-Nachtjägern. Andere Verbände flogen weiter und bombten ein Montagewerk für den „FW 190"-Jagdeinsitzer in Oschersleben sowie Ziele in Halberstadt. Von da an kam Braunschweig Tag und Nacht kaum noch zur Ruhe. Es gab schwere Schäden, aber erst die Nacht zum 15. Oktober 1944 brachte die Zerstörung.
Etwa 230 Bomber der 5. Group von Air Vice-Marshal Ralph Cochrane nahmen in jener Nacht, auf Befehl von Arthur T. Harris, Chef des Bomber Command der RAF, Kurs auf Braunschweig. Um 2 Uhr früh setzten die Pfadfinder ihre Leuchtbomben und dann ihre Zielmarkierer ab. Nun formierten sich die „Lancaster"-Bomber zum Angriff, nach der damals neuen Methode des „Todesfächers". Zeitlich unterschiedlich verzögerte Abwürfe beim Anflug aus verschiedenen Sektoren machten den Bombenteppich dicht und ließen einer Stadt keine Chance.
847 Tonnen Spreng- und Brandbomben gingen auf Braunschweig nieder. Das Zentrum innerhalb des Oker-Umflutungsgrabens – also genau jener Teil, der in alter Zeit allein Braunschweig gewesen war – verwandelte sich in eine Gluthölle der Flächenbrände und Feuerstürme: 150 Hektar des historischen Stadtkerns.
Erst nach fünf Stunden, also gegen 7 Uhr früh, gelang es der Feuerwehr, mit Hilfe von über Schlauchleitungen geschaffenen „Wassergassen", die etwa 23 000 vom Erstickungstod bedrohten Menschen aus den Großbunkern und Schutzräumen in Sicherheit zu bringen.
633 Menschen starben in dieser Nacht, im Vergleich zu anderen Städten wenig, weil Braunschweigs Versorgung mit Schutzräumen vorbildlich war. 80 000 Menschen wurden obdachlos. Insgesamt fanden bei Luftangriffen auf Braunschweig nach offiziellen Angaben 2 905 Menschen den Tod.

Diese flache Ladenzeile hat vielen Menschen das Leben gerettet: ein Luftschutzbunker für die Bevölkerung am Sack. Bombensicher errichtet, ließ er sich nach dem Krieg nicht wieder abreißen. Man baute ihn also um und brachte Läden und Lokale in ihm unter

Touristische Tips

In der Innenstadt Braunschweigs hat – außer Bunkern – fast nichts den Bombenkrieg unbeschadet überstanden, aber doch einiges. So findet man in der Straße „Vor der Burg" unmittelbar hinter dem Burgplatz eine intakte – allerdings restaurierte und modernisierte – Straßenfront mit Fachwerkhäusern aus dem 16. bis 18. Jahrhundert und mehrstöckigen Wohn- und Geschäftshäusern aus der Zeit am Ende des 19. Jahrhunderts. Auch an anderen Stellen der ausgedehnten Fußgängerzone gibt es solches. Das verleiht den verwinkelten alten Straßen einen besonderen Reiz.
Ein anschauliches Beispiel für einfache Mietshausarchitektur der Gründerzeit gibt der südliche Teil der Echternstraße (nahe dem alten Hauptbahnhof), die hier auf den Prinzenweg trifft. Am Prinzenweg steht noch ein restaurierter Teil der fünf Meter hohen südlichen Stadtmauer aus dem Mittelalter.
Mit dem mächtigen Bau Damm 4 ist im östlichen Altstadtbereich das einzige Holzgebäude aus der Übergangszeit zwischen Spätgotik und Renaissance erhalten geblieben. Um 1530 errichtet, wurde es im Laufe der Jahrhunderte mehrmals verändert, was ihm nicht immer gut getan hat.
Aus gleicher Zeit stammte die Alte Waage bei der Andreaskirche. Dieses Wahrzeichen der Stadt wurde jedoch im Bombenkrieg restlos zerstört. Nach heftigen Debatten im Rat und in der Öffentlichkeit wurde sie 1994 als Zeichen altdeutscher Handwerkskunst in alter Form und – soweit möglich und sinnvoll – in alter Technik neu errichtet. Sie beherbergt heute die Volkshochschule.
Über die Zerstörung Braunschweigs informieren Exponate im Städtischen Museum (Altstadtmarkt) und im Landesmuseum.

Daten aus der Geschichte

4.–11. Februar 1945 Konferenz in Jalta zwischen Stalin, Roosevelt und Churchill. Die Ergebnisse der Konferenz von Teheran (1943) werden festgeschrieben (Aufteilung Deutschlands in Besatzungszonen, „Verschiebung" Polens nach Westen, Reparationen, Beteiligung Frankreichs, sowjetische Ansprüche u. a.)

13./14. Februar 1945 Alliierte Bomber zerstören Dresden.

19. März 1945 Hitler befiehlt, nur „verbrannte Erde" zurückzulassen.

12. April 1945 Der amerikanische Präsident Franklin Delano Roosevelt stirbt. Sein Nachfolger wird Harry S. Truman.

26. April 1945 Amerikanische und sowjetische Truppen treffen sich in Torgau an der Elbe

Am 30. April 1945 begeht Adolf Hitler Selbstmord zusammen mit seiner Geliebten Eva Braun, die er einen Tag zuvor geheiratet hat

7. – 9. Mai 1945 Gesamtkapitulation der deutschen Wehrmacht

23. Mai 1945 Die Briten nehmen die Regierung Dönitz in Flensburg gefangen

5. Juni 1945 Briten lösen die Amerikaner auch im Braunschweiger Raum als Besatzungsmacht ab. Der von den Nazis unter entwürdigenden Umständen 1933 verhaftete SPD-Oberbürgermeister Braunschweigs, Ernst Böhme, ist wieder im Amt. Das Land Braunschweig entsteht neu mit zunächst Hubert Schlebusch als Ministerpräsidenten, später mit Alfred Kubel

1. November 1946 Auf Weisung der britischen Besatzungsmacht entsteht aus den Ländern Braunschweig, Hannover, Oldenburg und Schaumburg-Lippe das Land Niedersachsen. Erster Ministerpräsident: Hinrich Wilhelm Kopf (SPD). In der sowjetischen Besatzungszone kommt es zur Zwangsvereinigung von KPD und SPD zur SED („Sozialistische Einheitspartei Deutschlands")

1947 Am 25. Februar verfügen die Alliierten die Auflösung des Staates Preußen

Entscheidung im Nußberg

Von weitem ist nicht erkennbar, was jenes Ding da oben auf dem Nußberg in Braunschweigs Osten ist, ein von Pflanzen überwucherter Klotz mit Aussichtsplattform. Das Ding ist ein Bunker. Oder genauer: Überbleibsel eines Bunkersystems innerhalb dieses Hügels. Es war die örtliche Nazi-Zentrale, der „Kreisbefehlsstand der NSDAP". Am 11. April 1945 fiel hier völlig unerwartet eine der wichtigsten Entscheidungen: Ausgerechnet dem Rechtsanwalt und Notar Dr. Erich Bockler, einem kompromißlosen Befürworter der kampflosen Übergabe Braunschweigs an die amerikanischen Truppen, übertrug der NS-Ministerpräsident Dietrich Klagges das Amt des Oberbürgermeisters. Wie das?

10. April 1945. Die amerikanische 30. Infanteriedivision befindet sich in zügigem Vormarsch auf Braunschweig. Am Spätnachmittag erreicht die 125. US-Kavallerie als Voraustruppe den Salzgitter-Stichkanal und die gesprengte Denstorfer Brücke. Ein Parlamentär wird ausgeschickt, und es kommt um 19 Uhr an der Schleuse von Wedtlenstedt zu amerikanisch-deutschen Verhandlungen.

Generalmajor Leland Hobbs, Kommandeur der 30. Infanteriedivision, und sein Stellvertreter, Generalmajor Harrison, fordern von Braunschweigs Kampfkommandanten, dem Flak-Generalleutnant Carl Veith, die bedingungslose Kapitulation. Veith lehnt zunächst ab, bietet dann schließlich die Kapitulation Braunschweigs und seiner unmittelbaren Umgebung an, wenn er zuvor seine Soldaten daraus zurückziehen könne. Hobbs weist das zurück. Harrison gereizt: „Die Stadt interessiert uns nicht. Wir wollen Ihre Truppen." Damit ist das Gespräch beendet. Eine halbe Stunde später setzen der Beschuß der Stadt durch Artillerie und die Angriffe der Jagdbomber wieder ein.

Am 11. April gegen 15 Uhr trifft der Rechtsanwalt Dr. Bockler im Luft-

Amerikanische Truppen marschieren am 12. April 1945 in Braunschweig (hier auf dem Madamenweg) ein

Der Beobachtungsbunker des „Kreisbefehlsstandes der NSDAP" auf dem Nußberg in Braunschweig

schutzkeller des Rathauses den Hauptmann der Schutzpolizei Karl-Heinz Stahl. Der soll im Auftrag des amtierenden Oberbürgermeisters Dr. Hans-Joachim Mertens einen Ordnerdienst einrichten, weil die Schutzpolizei-Einheiten die Stadt verlassen haben. Eine Verteidigung der Stadt – da sind sich beide einig – muß unter allen Umständen verhindert werden. Sie wäre Braunschweigs Untergang.
Bockler rät Stahl, sich bei Bürgermeister Mertens über die Pläne zu informieren. Stahl findet Mertens sterbend in dessen Dienstzimmer. Er hat sich erschossen. Mit einer Vollmacht von Stahl fährt daraufhin Bockler zum Sitz des Kampfkommandanten im Luftflottenkommando beim Stadtpark. Auch Ministerpräsident Dietrich Klagges und der Kreisleiter der NSDAP, Berthold Heilig, sind dort. Heilig, an der Spitze der Braunschweiger Parteiorganisation einer der Mächtigsten in der Stadt, will fanatisch und rücksichtslos die Verteidigung der Stadt, Haus um Haus. In einem Lagebericht wird mitgeteilt, daß Wolfenbüttel inzwischen besetzt und der Feind im Norden wie im Süden an Braunschweig vorbei zur Elbe vorgestoßen sei. Bockler ersucht Veith, seine Truppen zurückzuziehen, um die Stadt nicht zum Kampfgebiet werden zu lassen. Das löst bei Heilig einen Wutanfall aus.
Für den Abend wird ein zweites Treffen angesetzt, diesmal in eben jenem Bunker im Nußberg. Während dieser Konferenz wird dem Anwalt Bockler von Klagges – in Abwesenheit von Heilig – das Amt des Oberbürgermeisters angetragen. Klagges erklärt, als Prominenter sei er verpflichtet, sich einer Gefangenschaft zu entziehen. Er werde sich daher nach Osten absetzen. Später berichtet er, daß inzwischen auch Heilig und Veith, mit seinem Stab, Braunschweig verlassen hätten.
Aus ihren 150 Mann des Ordnungsdienstes bilden Stahl und Bockler noch in der Nacht Patrouillen. Die sollen vor allem nach amerikanischen Stoßtrupps Ausschau halten, denn Bockler will schnellstens die Stadt kampflos übergeben. Das geschieht gegen 2 Uhr. Am 12. April, um genau 2.59 Uhr, ist mit der Überreichung eines Übergabeprotokolls an den US-Leutnant Jerome Burkett und dessen Begleiter, Pfc Rex Mabry, im Polizeibunker Münzstraße der Zweite Weltkrieg für Braunschweig beendet.

Touristische Tips

Der Nußberg liegt im östlichen Naherholungsbereich Braunschweigs mit Stadtpark, Prinzenpark und dem, in wenigen Minuten von dort zu Fuß erreichbaren, Naturschutzgebiet Riddagshausen und Buchhorst. Auf seiner Kuppe wurde der Bunkerrest nach vergeblichem Versuch, ihn zu sprengen, zum Aussichtsturm mit Wendeltreppe ausgebaut. In klaren Nächten und bei besonderen Naturereignissen bauen auf seiner Plattform die Hobby-Astronomen ihre Fernrohre auf.
Das benachbarte ehemalige Luftflottenkommando beherbergt jetzt das Kreiswehrersatzamt, eine Integrierte Gesamtschule, eine Außenstelle der städtischen Öffentlichen Bücherei. Bis vor kurzem war dort auch noch das „ Kleine Haus" des Staatstheaters provisorisch (aber jahrelang) untergebracht.

Information

Niedersächsisches Staatsarchiv, Forstweg 2, 38442 Wolfenbüttel, Tel.: 0531/935-0

Braunschweigisches Landesmuseum, Burgplatz 1, 38100 Braunschweig, Tel.: 0531/484-2602

Stadtarchiv Braunschweig, Löwenwall 18 B, 38100 Braunschweig, Tel.: 0531-470-4711

Von Pflanzen überwuchert und mit einer Treppe versehen: Der Rest-Bunker auf dem Nußberg dient heute als Aussichtsturm

Daten aus der Geschichte

1948 Gründung des Staates Israel – Währungsreform in den drei Westzonen (20.6.). Die sowjetisch besetzte Zone führt daraufhin eine eigene Währungsreform durch (23.6.). Die Sowjets sperren vom 24. Juni an den Zugang nach West-Berlin. Die Westalliierten richten eine „Luftbrücke" ein (bis 12.5.49)

1949 Verkündung des vom Parlamentarischen Rat geschaffenen Grundgesetzes am 23. Mai. Erste Bundestagswahl erfolgt am 14.August Konrad Adenauer wird Bundeskanzler und Theodor Heuss Bundespräsident. Die Sowjetzone wird am 7.Oktober zur Deutschen Demokratischen Republik (DDR). Präsident wird Wilhelm Piek, Ministerpräsident der ehemalige Braunschweiger Sozialdemokrat Otto Grotewohl

1953 Juni-Aufstand in der DDR, ausgelöst durch Normerhöhungen und gleichzeitige Lohnsenkungen. Mit Hilfe sowjetischer Panzer wird der Aufstand am 17. Juni niedergeschlagen

1954 Die deutsche Fußballmannschaft wird in Bern mit einem 3:2 Sieg über Ungarn am 4. Juli überraschend Weltmeister

1955 Warschauer Pakt als Gegengewicht zur NATO gegründet

1957 Die Sowjetunion bringt am 4. Oktober mit „Sputnik 1" den ersten künstlichen Erdsatelliten in eine Umlaufbahn

1961 Bau der Berliner Mauer am 13. August und gleichzeitiger Ausbau der Zonengrenzbefestigungen, um den Flüchtlingsstrom nach Westen zu stoppen. – Jurij Gagarin , sowjetischer Fliegermajor, umkreist am 12. April als erster Mensch mit dem Raumschiff „Wostok I" die Erde

1969 US-Astronaut Neil Armstrong betritt am 20. Juli als erster Mensch die Mondoberfläche. Mit dabei im Raumschiff „Apollo 11": Edwin Aldrin und Pilot Michael Collins

1972 Grundlagenvertrag zwischen Bundesrepublik und DDR (21.12.)

1989 Änderung der Staatsstruktur und der Machtverhältnisse in der UdSSR. Beginnender Zerfall des kommunistischen Systems in den Ländern des Warschauer Paktes. Demonstrationen in der DDR

1990 Wirtschafts-, Währungs- und Sozialunion zwischen DDR und BRD (1.7.). Am 3. Oktober erfolgt der Beitritt der DDR zur Bundesrepublik und damit die Wiedervereinigung Deutschlands

Freiheit aus Versehen

Der Grenzbeamte betrachtet die ziemlich große Delle an unserem Wagen vorn rechts und schüttelt bedauernd den Kopf. „So ein schönes neues Auto", sagt er. „Schade drum." Es ist das erste Mal in all den Jahren, daß ein DDR-Grenzer am Autobahnkontrollpunkt Helmstedt-Marienborn mit uns spricht, so ganz privat. Und dann sagt dieser Grenzer auch noch: „Fröhliche Weihnachten." Es war der 24. Dezember 1989 morgens gegen zehn Uhr – jener Tag, an dem erstmals Bundesbürger frei und ohne Visum in die DDR reisen konnten. DDR-Bürger hatten schon seit dem 9. November die deutsch-deutsche Grenze passieren dürfen.

Auf der Konferenz von Jalta im Februar 1945 hatten Stalin, Churchill und Roosevelt sich auch auf die Teilung des besiegten Deutschlands in vier Besatzungszonen geeinigt. Nordwestdeutschland und damit auch die Braunschweiger Region erhielten die Briten zugeteilt. Das Gebiet des heutigen Regierungsbezirks Braunschweig – 1978 durch die Gebiets- und Verwaltungsreform, aus dem bis 1946 eigenständigen Land Braunschweig sowie den Landkreisen Göttingen, Northeim, Osterode, Gifhorn und der kreisfreien Stadt Wolfsburg, entstanden – hatte auf einer Länge von 360 Kilometern eine gemeinsame Grenze mit der DDR.

Grenzgebiet Helmstedt/Walbeck DDR – 1989

Zunächst war das keine Grenze, sondern man nannte sie Demarkationslinie. Schlichte Holzpfähle markierten diese Linie, über die trotz Bewachung durch Sowjetsoldaten und von 1946 an auch durch Volkspolizisten Massen von Flüchtlingen illegal in die Westzonen wechselten. Aus dieser vergleichsweise harmlosen „grünen Grenze" wurde mit dem sich verschärfenden „Kalten Krieg" das brutale Sperrsystem, das die Machthaber in Ost-Berlin den „Antifaschistischen Schutzwall" nannten. 1952 begann der Ausbau auf östlicher Seite zunächst mit Stacheldraht. Von 1961 an entstand dann der praktisch unüberwindbare Sperriegel mit Mauern, Metallgitterplatten, Bunkern, Hundelaufanlagen und Kontrolltürmen. Es wurden Minen vergraben und Selbstschußgeräte montiert, und für die Grenzer galt der Schießbefehl.

Die Grenze kappte die Ost-West-Verkehrsverbindungen: mehr als 30 Eisenbahnstrecken, 31 Bundes- bzw. Reichsstraßen, dazu Landstraßen, Privatwege und Gemeindestraßen. Die Grenze trennte Familien, nahm Bau-

Hochbetrieb beim Autobahnkontrollpunkt Helmstedt am 12. Dezember 1989

Touristische Tips

In Helmstedt dokumentiert das Zonengrenzmuseum mit Originalstücken, Schautafeln, Texten und Grafiken die Geschichte der deutsch-deutschen Grenze. – Die Grenzübergangsstelle Marienborn an der Autobahn nach Berlin wird vom Land Sachsen-Anhalt zur Gedenkstätte Deutsche Teilung ausgebaut. Unweit der Ex-Übergangsstelle Marienborn an der A 2 hat der französische Bildhauer Josep Castell seine neun Meter hohe Skulptur „La Voute des Mains" – zwei ineinander greifende Hände – errichtet. In Hötensleben wird die Sperranlage als Grenzdenkmal erhalten. Jeden zweiten Samstag findet eine Busrundfahrt der Organisation „Grenzenlos" statt. Beginn 15 Uhr am Zonengrenzmuseum Helmstedt. Besucht werden neben dem Museum in Helmstedt, Hötensleben, Marienborn, das Denkmal „La Voute des Mains" und dann wieder in Helmstedt als Endstation das Juleum. Auskünfte und Buchung: Geschäftsstelle „Grenzenlos", Markt 1, 38350 Helmstedt, Tel.: 05351/17169

ern ihr weiter östlich gelegenes Acker- und Weideland, zerschnitt Versorgungseinrichtungen. Die Braunschweiger Wirtschaft verlor ihren östlichen Einzugsbereich. Der 8 000 Quadratkilometer große Regierungsbezirk hing am Tropf der gesetzlichen „Zonenrandförderung". Die vom Bund finanzierten Maßnahmen umfaßten Hilfe für die Wirtschaft, steuerliche Vergünstigungen, Verkehrserschließung, Förderung des Wohnungsbaus sowie sozialer, kultureller und bildungspolitischer Einrichtungen.

Doch plötzlich gerieten die Dinge in Bewegung, die über Jahrzehnte starr und unverrückbar fest schienen. In Ungarn begann es: Sperranlagen zwischen Ungarn und Österreich verschwanden. Ein Flüchtlingsstrom aus der DDR setzte sich daraufhin in Marsch. Im August war die ständige Vertretung Bonns in Ost-Berlin mit 130 Ausreisewilligen überfüllt. Auch in Budapest und Prag schlossen die Botschaften wegen Überfüllung die Tore. Schließlich ließ man mit Zustimmung der DDR diese Menschen in den Westen ausreisen. Es kam zu Massendemonstrationen in Leipzig und Dresden, in Ost-Berlin und anderen Städten. Zur 40-Jahr-Feier der DDR am 7. Oktober mahnte Sowjet-Präsident Michail Gorbatschow: „Wer zu spät kommt, den bestraft das Leben."

Unter dem Druck von Politbüro und SED-Zentralkomitee trat am 18. Oktober Erich Honecker, der jegliche Reformen ablehnte, als Partei- und Staatschef zurück, am 7. November 1989 die DDR-Regierung unter Willy Stoph. Am 9. November geschah es dann: Politbüromitglied Günter Schabowski gab die Öffnung der Grenze bekannt. Ein Irrtum. Es lag ein Entwurf zur freien Ausreise über deutsche Grenzübergänge nur für jene Personen vor, welche die DDR für immer verlassen wollten. Die Öffnung der Mauer war ein Versehen. Braunschweig verdankt diesem Versehen seine Lage nun wieder in der Mitte des vereinigten Deutschlands.

Information

Stadtbibliothek, Steintorwall 15, 38100 Braunschweig, Tel.: 0531/470-4601

Niedersächsisches Staatsarchiv, Forstweg 2, 38442 Wolfenbüttel, Tel.: 05331/935-0

Zonengrenzmuseum Helmstedt, Landkreis Helmstedt, Südertor 6, 38350 Helmstedt, Tel.: 05351/121248

Grenzdenkmalverein Hötensleben e.V. Wallstraße 3, 39393 Hötensleben, Tel.: 039405/9610

Grenzgebietssperren zwischen der Autobahn und Bundesbahn bei Marienhof

Zeittafel

ca. 50 000–8 999 v. Chr.
Altsteinzeit (Paläolithikum), 400 000 Jahre alte Überreste des Urmenschen (Homo erectus) bei Schöningen. Etwa 70 000 v. Chr. Neandertaler

ca. 8 000 – 5 000 v. Chr.
Mittelsteinzeit (Mesolithikum). Milderes Klima bringt bessere Lebensbedingungen

5 000 – 1 800 v. Chr.
Jungsteinzeit (Neolithikum). Beginn des Ackerbaus und der Viehhaltung

1 800 – 900 v. Chr.
Bronzezeit

900 – Zeitenwende
Eisenzeit

9 n. Chr.
Der Cheruskerfürst Hermann (Arminius) siegt in der Schlacht am Teutoburger Wald über die Römer

772 – 804
Sachsenkriege Karl des Großen

919
Herzog Heinrich von Sachsen wird zum deutschen König gewählt

962
Wahl König Otto I. zum Kaiser des Heiligen Römischen Reiches Deutscher Nation

1031
Erste urkundliche Erwähnung des Namens Braunschweig („Brunesguik") in der Weiheurkunde von St. Magni

1125
Lothar von Süpplingenburg wird zum König gewählt; Krönung zum Kaiser 1135 in Rom

1173 – 1139
Heinrich der Stolze, Schwiegersohn Lothars und Vater Heinrich des Löwen, wird erster Sachsenherzog aus dem Welfenhaus. Er verliert aber die Herzogtümer Sachsen und Bayern nach Streit mit dem Staufer-Kaiser Konrad II.

1139 – 1180
Heinrich der Löwe, beim Tode seines Vaters zehn Jahre alt, gewinnt nach einigen Jahren Sachsen und danach auch Bayern zurück

1180
Die Rücksichtslosigkeit Heinrich des Löwen als Herrscher führt zu seinem Sturz durch Kaiser Friedrich I. Barbarossa

1235
Stiftung des Herzogtums Braunschweig-Lüneburg. Kaiser Friedrich II. erhebt Otto das Kind, Enkel Heinrich des Löwen, in den Reichsfürstenstand

um 1432
Verlegung der Residenz der Herzöge nach Wolfenbüttel wegen wachsender Unstimmigkeiten mit der reichen Hansestadt Braunschweig

1528
Einführung der Reformation in der Stadt Braunschweig

1643
Herzog August der Jüngere begründet in Wolfenbüttel die weltberühmte Bibliothek, die heute seinen Namen trägt

1671
Eroberung der Stadt Braunschweig durch Herzog Rudolf August im Bündnis mit seinen beiden welfischen Vettern, den Fürsten von Lüneburg (Celle) und Calenberg (Hannover)

1685
Anton Ulrich, Bruder von Herzog Rudolf August, wird Mitregent. Nach dem Tode des Bruders 1707 ist er Alleinherrscher bis 1714. Barockfürst mit starken künstlerischen Neigungen

1689 – 1690
Das Rathaus am Hagenmarkt wird zum Opernhaus umgebaut

1735
Regierungsantritt von Herzog Karl I., der umfangreiche wirtschaftliche und soziale Neuerungen einführt

1745
Gründung des Collegium Carolinum, einer neuartigen Bildungsanstalt (Vorläufer der heutigen TU)

1747
Gründung der Fürstenberger Porzellanmanufaktur

1770
Berufung Lessings zum Bibliothekar in Wolfenbüttel.

1772
Uraufführung von Lessings „Emilia Galotti" in Braunschweig

1807
Das Herzogtum Braunschweig wird dem Königreich Westphalen unter Napoleons Bruder Jérome zugeordnet

1813
Herzogtum Braunschweig fällt nach dem Zusammenbruch des napoleonischen Imperiums an Herzog Friedrich Wilhelm, den Sohn Karl Wilhelm Ferdinands, zurück

1829
Uraufführung von Goethes „Faust I“ im Opernhaus am Hagenmarkt

1830
Vertreibung des Herzogs Karl II. aus Braunschweig. Der „Graue Hof“ wird niedergebrannt

1831
Wilhelm, Bruder Karl II., wird neuer Herzog zu Braunschweig und Lüneburg (bis 1884). Im gleichen Jahr vollendet der Architekt Peter Joseph Krahe, nach der Schleifung der Befestigungen (seit 1802), den Bau der Wallpromenaden rund um die Stadt

1838
Eröffnung der Eisenbahnlinie Braunschweig-Wolfenbüttel, der ersten deutschen Staatsbahn (1843 bis Harzburg weitergeführt)

um 1850
Beginn der Industrialisierung. Zunächst überwiegend Konserven- und Zuckerfabriken

1861
Neubau des Hoftheaters am Steinweg fertiggestellt

1877
Neubau der Technischen Hochschule (heute TU) durch Constantin Uhde und Carl Körner

1879
Erste Pferdebahn in Braunschweig

1884
Herzog Wilhelm stirbt ohne Nachkommen. Als Regenten eingesetzt: Prinz Albrecht von Preußen (1885–1906) und Herzog Johann Albrecht von Mecklenburg (1907–1913)

1897
Die elektrische Straßenbahn löst die Pferdebahn ab. Auch Verbindung Braunschweig-Wolfenbüttel

1913
Der Welfen-Prinz Ernst August, ein Sohn des Herzogs von Cumberland, übernimmt am 1. November 1913 den braunschweigischen Thron. Seine Frau, Herzogin Viktoria Luise, ist die Tochter von Kaiser Wilhelm II.

1918
Novemberrevolution. Herzog Ernst August dankt ab. Ausrufung einer Sozialistischen Republik Braunschweig

1929
Weltwirtschaftskrise

1930
Nach Landtagswahlen geht die Bürgerliche Einheitsliste (BEL) mit den Nationalsozialisten eine Regierungskoalition ein, um die SPD-Regierung ablösen zu können

1931
Bildung der Harzburger Front. Eine Woche später Massenaufmarsch der SA in Braunschweig

1932
Hitler wird Regierungsrat bei der Braunschweigischen Gesandtschaft in Berlin und somit automatisch deutscher Staatsbürger

1933
Machtübernahme in Deutschland durch die NSDAP. Terrorakte auch in Braunschweig (Volksfreundhaus, AOK, Riesebergmorde)

1934
Ende der Eigenstaatlichkeit Braunschweigs. Das Land wird einem Reichsstatthalter unterstellt

1939
Beginn des Zweiten Weltkrieges am 1. September

1942
Gründung der Stadt Watenstedt-Salzgitter (heute Salzgitter) am 1. April aus zahlreichen Landgemeinden des Landes Braunschweig und dem jetzigen Salzgitter-Bad. Es sollte ein Industriezentrum zum Abbau der Eisenerzlager und zur Stahlproduktion entstehen

1944
Zerstörung Braunschweigs durch britische und amerikanische Bomber

1945
Am 12. April kampflose Übergabe der Stadt Braunschweig an die amerikanischen Truppen, die zuvor schon den größten Teil des Braunschweiger Landes besetzt hatten

1946
Gründung des Landes Niedersachsen und damit verbunden die Auflösung und Einbeziehung des Landes Braunschweig

1953
Juni-Aufstand in der DDR

1961
Bau der Berliner Mauer am 13. August und gleichzeitiger Ausbau der Zonengrenzbefestigungen

1989
Öffnung der DDR-Grenze nach Massendemonstrationen

1990
Wiedervereinigung Deutschlands am 3. Oktober

Literaturhinweise

Bein, R.; Vogel, B.: Nachkriegszeit – Das Braunschweiger Land 1945 bis 1950. Materialien zur Landesgeschichte, 1995

Biegel, Gerd (Hg): Herzöge, Revolution und Nierentisch, 1200 Jahre Braunschweigische Landesgeschichte, Braunschweig 1992

Bornstedt, Wilhelm: Das Herzogliche „Hohe Gericht" im Stöckheimer Streithorn ..., Denkmalpflege und Geschichte, Braunschweig 1982

Braunschweiger Stadtlexikon, Braunschweig 1992

Friedrich, Ernst Andreas: Wenn Steine reden könnten, Hannover 1989

Görges; Spehr; Fuhse: Vaterländische Geschichten, Braunschweig 1925

Hänselmann, Ludwig: Das erste Jahrhundert des Großen Clubs, Braunschweig 1880

Hohnstein, O.: Braunschweigische Geschichte, Braunschweig 1908

Krause, Karl-Joachim: Braunschweig zwischen Krieg und Frieden, Braunschweig 1994

Krolow, Karl: Deutschland deine Niedersachsen, Hamburg 1972

Liedke, Karl; Rother, Bernd: Von der Zuckerfabrik zum Mikrochip, Braunschweigs Industrie von 1850 bis heute, Frankfurt/M. 1989

Moderhack, Richard (Hg): Braunschweigische Landesgeschichte im Überblick, Braunschweig 1979

Prescher, Rudolf: Der Rote Hahn über Braunschweig, Luftschutzmaßnahmen und Luftkriegsereignisse, 2. erw. Auflage, Braunschweig 1994

Roloff, Ernst August: Bürgertum und Nationalsozialismus 1930–1933, Hannover 1961

Schultz, Hans Adolf: Burgen und Schlösser des Landes Braunschweig, Braunschweig 1980

Segers-Glocke, Christiane (Hg.): Baudenkmale in Niedersachsen, Stadt Braunschweig, Teil 1, Hameln 1993

Spies, Gerd (Hg): Braunschweig – das Bild der Stadt in 900 Jahren, Braunschweig 1985

Steinacker, Karl: Die Stadt Braunschweig, Stuttgart 1924

Stadt Braunschweig (Hg.): 300 Jahre Theater in Braunschweig, Katalog, Braunschweig 1990

Thieme, Hartmut; Maier, Reinhard: Archäologische Ausgrabungen im Braunkohletagebau Schöningen, Hannover 1995

Viktoria Luise (Herzogin): Ein Leben als Tochter des Kaisers, 14. erw. Auflage, Göttingen 1977

Wunderlich, Wilhelm M.: Die erste deutsche Staatseisenbahn Braunschweig – Wolfenbüttel, Cremlingen 1987

Zimmerling, Dieter; Pape, Lutz (Fotos): Braunschweig – Ansichten, Einsichten, Aussichten, Braunschweig 1994

Weitere Informationen wurden Broschüren des Braunschweigischen Landesmuseums und dem jährlich erscheinenden Braunschweigischen Kalenders entnommen.